P9-DTE-200

High Voice

The French Song Anthology Complete Package

with Pronunciation Guide and Accompaniments

Edited by Carol Kimball & Richard Walters

Joel K. Boyd, assistant editor

Translations and International Phonetic Alphabet by Martha Gerhart

Diction Lesson recordings by Pierre Vallet

Accompaniment recordings by Laura Ward

To access companion recorded diction lessons
and accompaniments online, visit:
www.halleonard.com/mylibrary

"Enter Code"
1287-8065-4518-8833

Cover painting: Monet, *The Tuileries*, 1876

ISBN 978-1-4803-2965-2

HAL•LEONARD®
CORPORATION
7777 W. BLUEMOUND RD. P.O. BOX 13819 MILWAUKEE, WI 53213

For all works contained herein:
Unauthorized copying, arranging, adapting, recording or public performance is an infringement of copyright.
Infringers are liable under the law.

Visit Hal Leonard Online at
www.halleonard.com

Contents

Preface

"In the art of music, it is the interpreter's performance which we come to regard as the work itself."

—Pierre Bernac

Clarity, elegance, and subtlety are all defining qualities of French music, and nowhere are they more important than in French song. Classical French song, or mélodie, has been called a combination of lyricism and precision, based on the art of suggestion. Good examples are the songs of Gabriel Fauré, in which he creates the atmosphere of the poem by cocooning it in a musical setting of subtly drawn emotions and delicate descriptive moods, devoid of overt details. Does the graceful restraint inherent in the French style render mélodie bloodless and lacking in emotional power? Far from it. Distinguished French baritone Gérard Souzay describes the difference between French and German music this way: "I think that German music kisses you on the forehead and French music on the neck. French music is more sensual—much more sensual—and it is not physical sensuality, it is aesthetic sensuality…French music, like all French art, whether Impressionist or otherwise, wishes to please . . . "

Between 1870 and 1925, Paris emerged as the musical capital of Europe. A specifically French musical nationalism also developed during this period. As the arts developed and flourished, lines of demarcation between them blurred; poets, musicians, and visual artists interconnected in creative projects and social affairs (the notes in this anthology chronicle some of those relationships). During this period French song developed and defined itself. The years spanning the turn of the century (1885-1914) were called *La Belle Époque* (the beautiful age). It was a time of peace, prosperity and artistic ferment in Paris. The city had been redefined geographically by Baron Haussmann into a geometrical grid of avenues and boulevards. Paris was like a large stage, parading its social conventions, taste and fashions for the world to see. Art Nouveau decorated buildings and métro entrances. The music hall and café-concerts became wildly popular venues, spin-offs from the craze for light-opera that Jacques Offenbach had made popular. As the twentieth century appeared, non-Western music from the Great Expositions provided composers with new sources of melody and rhythm, and art and literature also adopted elements from the Orient.

During this explosion of the arts, the mélodie came into its own on Paris' most exclusive stages —the salons. Salons were private gatherings and concerts hosted in the homes of well-to-do patrons of the arts. Salons were places to meet prominent poets, artists, musicians, and novelists of the day. Musical and theatrical performances were spotlighted in the salons. Mélodies were written principally for performance in these settings. Singers were talented amateurs or professionals. Composers often accompanied singers in these performances. Mélodies were also heard at concerts in small halls that retained the intimacy demanded by the form.

The composers included in this volume wrote songs that provide a perspective from which to view the development of French song, and perhaps also, the development of French musical style. Massenet, Gounod, and Bizet are better known for their operas, yet Gounod is termed "the father of the mélodie" and wrote a prolific number of songs. Duparc penned only sixteen songs we know of, but is considered a master of the form. Fauré's songs, numbering more than 100, constantly evolved in style, extending the musical parameters of the genre. Fauré, Duparc and Debussy perfected the mélodie as a true art song form. Franck's influence as a teacher overshadowed his music, but several of his songs are considered classics. Chausson, a Franck disciple, enjoyed working in small forms, and his mélodies contain some exquisite examples of the genre. Possibly the composer most attuned to blending poetry and music was Debussy. Satie's song catalog is quite slim, but his musical style and thought had far-reaching influence. In the twentieth century, Poulenc's fascination with the voice produced 150 mélodies of lasting importance.

The most important forerunner of the mélodie was the *romance*, a simple strophic song form from the eighteenth century. It featured a tuneful vocal line with a modest piano accompaniment (see Martini). By the middle of the nineteenth century, the popularity of the *romance* was waning. Publication and circulation of Schubert's Lieder in France from 1833 on spawned an awareness of the possibilities of merging poetry and music as a strong artistic statement. Midway in the nineteenth century, new romantic poetry by Théophile Gautier, Victor Hugo, Charles Baudelaire, and the Parnassian poets appeared on the scene. Composers seized upon the new, freer verse for their songs. Text and musical setting gradually acquired a closer blend of style and refinement, culminating in the mélodies of Henri Duparc, Ernest Chausson, Emmanuel Chabrier, and the early songs of Gabriel Fauré. Poet Paul Verlaine, who had followed the Parnassians in their elegant but impassive style, broke away to give free rein to his innate lyricism. His work became the touchstone for nineteenth century mélodie. Verlaine created poetry in which word rhythms and nuances attempted to free themselves from prescribed and confining meters, creating verse with its own unique musicality. Poet Stéphane Mallarmé modeled the continuous flow of his texts on Wagner's music. In the early twentieth century, Guillaume Apollinaire's experiments with poetic images and forms found a musical voice in the mélodies of Francis Poulenc. From the Parnassians through Apollinaire, the freer prosody of the new poetry offered composers material from which they fashioned songs with ever stronger musical synthesis between voice and piano.

Since French poetry was a dominant factor in defining the development of the mélodie, the singer needs to be aware of shaping melodic phrase and varying tone color expressively but naturally, to produce the most distinctive vocalization of tone and word. Jane Bathori (1877-1970) and Claire Croiza (1882-1946), two singers who championed the "mélodie française moderne" and worked closely with its composers, repeatedly stressed the importance of the poetry in their master classes and lectures. For Croiza, the *sound of the text* took a secondary role to the *interpretation of the text:* "Here [in singing mélodies], more often than in the theater, the word becomes an element of choice with the fullness of sound, sense, and the beauty of the syllable—a beauty of which our French language is so marvelously rich." Jane Bathori believed the act of artistic creation was based on shaping the musical material; to her, the coherence, clarity and distinction of musical details had tremendous impact on the work as a whole: "In a mélodie, the text is as important as the music; it is necessary to give the color and expression which will best emphasize it. I am not talking about the necessary musicality, but of style and taste, which must be acquired slowly because it changes with the expression of the words, the era that they reflect, and therein resides the difficulty."

The French language itself is often an intimidating barrier to singers tackling French song for the first time. However, the lack of tonic accent in French makes the French repertoire a rich source of material for developing concepts of legato and shaping musical phrase. French should be thought of as a *bel canto* language—it slides and glides in an unstoppable flow. Singing French demands well-placed vowels and clear, rapid consonants. An effective exercise for discovering word meaning and musical structure is to read the poem aloud. It should be declaimed as the composer set it, with all the musical markings on the page. Working with text in this manner heightens aesthetic awareness of the poetry and sharpens response to word meaning, vowel color, and phrase nuance.

In the greatest of French songs, poetry and music join to create a form in which both arts share significantly and depend equally upon each other. Beauty of line and sensuous enjoyment of sound were hallmarks of Paul Verlaine's poetry, which inspired many of the masterpieces of French vocal literature, notably works by Debussy and Fauré. In *Art poétique* (1885) Verlaine wrote that above all, poetry should be "music." Singers working with French song must make the poems sing.

Editors' note: The songs in this anthology are arranged alphabetically by composer. Original keys have been cited where known. In some cases, publication history has made the original key difficult to determine. For the English translations, in general, a word-by-word approach was used, line by poetic line; however, word order was changed to accommodate differences in French and English language structure.

The following sources were consulted in writing the preface and commentaries for the mélodies:

Jane Bathori, *On the Interpretation of the Mélodies of Claude Debussy,* translated and with an introduction by Linda Laurent (Stuyvesant, NY: Pendragon Press, 1998).

Jane Bathori, R.T.F. 1957. Bathori archives. Bibliothèque Nationale, Paris, France.

Claire Croiza Exposition catalogue. Paris: Bibliothèque Nationale, 1984, no. 95.

Pierre Bernac, *The Interpretation of French Song* (New York. W.W. Norton, 1978).

Elaine Brody, Paris: *The Musical Kaleidoscope 1870-1925* (New York: George Braziller, 1987).

Emmanuel Chabrier. *Mélodies (2 vols.)* Le Pupitre, Collection de musique ancienne publiée sous la direction de François Lesure. Edition par Roger Delage. Musica Gallica (Paris: Heugel).

Margaret Cobb, *The Poetic Debussy* (Boston: Northeastern University Press, 1982).

Victor E. Graham, ed., *Sixteenth-Century French Poetry* (Toronto: University of Toronto Press, 1964).

Reynaldo Hahn, *On Singers and Singing (Du chant),* transl. Léopold Simoneau (Portland: Amadeus Press, 1990).

Graham Johnson, Liner notes to *The Songs of Chausson* (Hyperion Records. The Hyperion French Song Edition. CDA 67321/2).

Graham Johnson and Richard Stokes, *A French Song Companion* (Oxford: Oxford University Press, 2000).

Carol Kimball, Song: *A Guide to Style and Literature* (Seattle: Pst., Inc. 1999).

Louise Labé, *Sonnets.* Introduction and commentaries by Peter Sharratt (Austin: University of Texas Press, 1972).

Gerald Larner, *Maurice Ravel* (London: Phaidon Press, 1996).

Timothy LeVan, *Masters of the French Art Song* (Metuchen, NJ: Scarecrow Press, 1991).

Jean-Michel Nectoux, *Gabriel Fauré: a musical life.* transl. by Roger Nichols (Cambridge: Cambridge University Press, 1991).

Sydney Northcote, *The Songs of Henri Duparc* (London: Dennis Dobson, 1959).

Frits Noske, *French Song from Berlioz to Duparc* (New York: Dover, 1970).

Arbie Orenstein, *Ravel: Man and Musician* (New York: Columbia University Press, 1975).

Francis Poulenc, *Moi et mes amis: Confidences recueillies par Stéphane Audel* (Paris: La Palatine, 1963).

Francis Poulenc, *Diary of my Songs [Journal de mes mélodies].* transl. by Winifred Radford (London: Victor Gollancz, Ltd. 1985).

Marie Claire Rohinsky, editor, *The Singer's Debussy* (New York: Pellon Press, 1987).

Louis Simpson, *Modern Poets of France* (Ashland, OR: Story Line Press, 1998).

Roger Shattuck, *The Banquet Years* (New York: Vintage Books, 1968).

Gérard Souzay, Televised interview, collection "Musica: Musicarchive," Arte, French documentary by Christian Labrande (O 1962/1994), produced by Philippe Trufo, broadcast 15 October 1995.

Stephen Moore Whiting, *Satie the Bohemian*: from cabaret to concert hall (New York: Oxford University Press, 1999).

Villanelle

from *Les nuits d'été*

Théophile Gautier
(1811-1872)

Hector Berlioz
(1809-1869)

Composed 1840-41. Song no. 1 of *Les nuits d'été*, a cycle of six songs to poems of Théophile Gautier, from his *Comédie de la mort* (1838). In 1843, Berlioz orchestrated "Absence" (no. 4). He completed the remaining orchestrations in 1856, the year he began composing his opera *Les Troyens*. The theme of the six songs is romantic love and longing, seen in various guises. "Villanelle" and the last song, "L'île inconnue," are light-hearted and extroverted. Between these charming "bookend" mélodies are more intense, passionate songs, including two laments. Gautier dedicated this poem "to Mlle. Wolf, singer at the ducal court of Weimar." Berlioz made slight changes to Gautier's original poem, which was titled "Villanelle rhythmique." Other alterations appear in four lines of the poem; the original words are given here in brackets: Stanza 2: Dit ses [des] vers au rebord du nid/Oh! Viens donc sur ce [le] banc de mousse; Stanza 3: Faisant [Faisons] fuir le lapin caché… Puis chez nous, tout heureux [joyeux], tout aises. Berlioz was the first composer to use the term "mélodie" in connection with his songs.

Villanelle

Quand viendra la saison nouvelle,
Quand auront disparu les froids,
Tous les deux nous irons, ma belle,
Pour cueillir le muguet aux bois;
Sous nos pieds égrenant les perles
Que l'on voit au matin trembler,
Nous irons écouter les merles
 Siffler!

Le printemps est venu, ma belle;
C'est le mois des amants béni,
Et l'oiseau, satinant son aile,
Dit ses vers au rebord du nid.
Oh, viens, donc, sur ce banc de mousse,
Pour parler de nos beaux amours,
Et dis-moi de ta voix si douce:
 Toujours!

Loin, bien loin, égarant nos courses,
Faisant fuir le lapin caché,
Et le daim au miroir des sources
Admirant son grand bois penché;
Puis chez nous, tout heureux, tout aises,
En paniers, enlaçant nos doigts,
Revenons, rapportant des fraises
 Des bois!

Villanelle

When the new season comes,
When the cold has disappeared,
We two will go, my sweet
To gather lilies-of-the-valley in the woods;
Our feet scattering the pearls of dew
One sees trembling each morning,
We will go to hear the blackbirds
 Whistling!

Spring has come, my sweet
This is the month that lovers bless,
And the bird, smoothing his wing,
Sings verses on the edge of its nest.
Oh, come then, to this mossy bank,
To speak of our beautiful love,
And say to me, in your sweet voice:
 Forever!

Far, very far we'll stray from our path
Startling the rabbit from its hiding place,
And the deer in the mirror of the springs,
Admiring its great lowered antlers;
Then towards home, happy and content,
Our fingers interlaced for baskets,
We'll return, bringing back wild strawberries
 From the woods!

Copyright © 2001 by HAL LEONARD CORPORATION
International Copyright Secured All Rights Reserved

8

vel - le, Quand au - ront dis - pa - ru les froids, _____

p decresc.

_____ Tous les deux nous i - rons, ma

bel - le, Pour cueil - lir le mu - guet aux bois;

Sous _____ nos pieds é - gre - nant les

per - les Que l'on voit, au ma - tin trem - bler, _____

pp

Nous i - rons é - cou - ter les

mer - les, Nous i - rons é - cou - ter les mer - les, Sif - fler!

p

Le prin - temps est ve - nu, ma

p

bel - le; C'est le mois des a - mants bé - ni, _____

Et l'oi - seau, sa - ti - nant son

ai - le, Dit ses vers au re - bord du nid.

Oh, viens, donc, sur ce banc de

mous - se, Pour par - ler, de nos beaux a - mours,

Et dis - moi de ta voix si

poco rit.   *a tempo*

dou - ce, Et dis - moi de ta voix si dou - ce: Tou - jours!

Loin, bien loin, é - ga - rant nos cour - ses,

Fai - sant fuir le la - pin ca - ché, _____

Et le daim, au mi - roir des sour - ces

Ad - mi - rant son grand bois pen - ché;

sans presser

Puis chez nous, tout heu - reux, tout ai - ses,

pp

decresc.

En pa - niers, en - la - çant nos doigts, _____

decresc.

Re - ve - nons, rap - por - tant des frai - ses,

pp   *poco f*

rit.   *a tempo*

Re - ve - nons, rap - por - tant des frai - ses Des bois!

rit.   *a tempo*   *pp*

p

Chanson d'avril

Louis Bouilhet
(1821-1869)

Georges Bizet
(1838-1875)

Composed 1866. No. 1 of Volume 1 (20 songs) published by Choudens (Choudens published 2 volumes of Bizet songs). Here is Bizet at his most melodic, the setting moving squarely in the footsteps of Gounod. Bizet composed 28 mélodies, some of which were published posthumously. His flair for the dramatic and a fine instinct for vocal writing are always predominant qualities of his mélodies.

Chanson d'avril

Lève-toi! le printemps vient de naître!
Là-bas, sur les vallons, flotte un réseau vermeil!
Tout frissonne au jardin, tout chante, et ta fenêtre,
Comme un regard joyeux, est pleine de soleil!

Du côté des lilas aux touffes violettes,
Mouches et papillons bruissent à la fois
Et le muguet sauvage, ébranlant ses clochettes,
A réveillé l'amour endormi dans les bois!

Puisqu'avril a semé ses marguerites blanches,
Laisse ta mante lourde et ton manchon frileux;
Déjà l'oiseau t'appelle, et tes sœurs les pervenches
Te souriront dans l'herbe en voyant tes yeux bleus!

Viens, partons! au matin, la source est plus limpide;
Lève-toi ! Viens, partons!
N'attendons pas du jour les brûlantes chaleurs;
Je veux mouiller mes pieds dans la rosée humide,
Et te parler d'amour sous les poiriers en fleurs!

April Song

Arise! the spring is just born!
There, over the valleys floats a rosy veil!
All the garden shivers and sings, and your window,
Like a joyful glance, is full of sunshine!

By the lilacs, purple-clustered,
Flies and butterflies hum together
And wild lilies of the valley shaking their tiny bells,
Have wakened love, sleeping in the woods!

Since April has sown her white daisies,
Put aside your heavy cloak and your cozy muff;
Already birds are calling you, and your sisters the periwinkles
Will smile in the grass as they see your blue eyes!

Come! Let's go! in the morning the springs are clearer!
Arise! Come, let's go!
Let's not await the burning heat of day;
I want to wander with damp feet through the morning dew,
And talk to you of love under the flowering pear trees!

Copyright © 2001 by HAL LEONARD CORPORATION
International Copyright Secured   All Rights Reserved

crescendo

prin - temps vient de naî - tre! Là - bas, sur les val -

lons, flotte un ré - seau _____ ver - meil! _____ Tout

fris - sonne au jar - din, tout chante, et ta fe -

nê - tre, Comme un re - gard joy - eux, est plei - ne

de so - leil! _____ Du

cô - té des li - las _____ aux _____ touf - fes vi - o -

cresc.

let - tes, du cô - té des li - las, Mou -

ches et pa - pil - lons bru - is - sent à la

fois Et le mu - guet sau - va - ge, é - bran - lant ses clo - chet - tes, A ré - veil - lé l'a - mour, l'a - mour en - dor - mi dans les bois!

av - ril a se - mé ses mar - gue - ri - tes

blan - ches, Lais - se ta man - te lourde et ton man -

chon ___ fri - leux; ___ Dé - jà l'oi - seau t'ap -

pelle, et tes sœurs les per - ven - ches Te

mour   sous   les   poi - riers   en   fleurs! _____

Et   te   par - ler   d'a - mour   sous

les   poi - riers   en   fleurs!

Guitare

Victor Hugo
(1802-1885)

Georges Bizet
(1838-1875)

Composed 1866. Song no. 4 of *Feuilles d'Album* (six mélodies to poems of Musset, Ronsard, Hugo, Millevoye and Lamartine). Publisher: Heugel. Bizet composed this mélodie while he was writing his opera *La jolie fille de Perth* (1867). The composer's use of the bolero rhythm animates the song; he referred to it as "exuberant." Bizet added the "Tra-la-las" to the text; they not only lengthen the mélodie, they help underline the uninhibited personality of the protagonist. The leading character of Bizet's masterpiece *Carmen* surely was born from this family tree. Hugo's poem, written in 1838, was titled "Autre guitare," and not "Guitare." A number of other composers set this verse: Victor Massé ("Ramez, dormez, aimez!"), Saint-Saëns ("Guitare"), Liszt ("Comment disaient-ils") and Lalo. Bizet's version is the most famous.

Guitare

Comment, disaient-ils,
Avec nos nacelles,
Fuir les alguazils?
—Ramez, disaient-elles.

Comment, disaient-ils,
Oublier querelles,
Misère et périls?
—Dormez, disaient-elles.

Comment, disaient-ils,
Enchanter les belles
Sans philtres subtils?
—Aimez, disaient-elles.

Guitar

Tell us, said the men
With our small skiffs
Can we flee from the alguazils?
—Row, said the fair ones.

How, said the men
Can we forget quarrels,
Poverty and danger?
—Sleep, said the fair ones.

How, said the men,
Can we enchant beauties
Without rare potions?
—Love, said the fair ones.

Mouvement de boléro (♩ = 112)

très rythmé

Copyright © 2001 by HAL LEONARD CORPORATION
International Copyright Secured   All Rights Reserved

Tra, la, la, la, la, la, _____

Com - ment, _ di-saient - ils, _____

Tra, la, la, la, la, la, _____

A - vec _ nos na - cel - les, Com - ment, di - saient - ils,

rel - les, Com - ment, di - saient - ils, Ou - bli - er que - rel -

- les, Mi - sère et _____ pé - rils? _____

Dor - mez, _____ dor - mez, _____ dor - mez, _____ di - saient -

el - - les. _____

Tra la, la, la, la, la, _____

Com - ment, _ di-saient - ils, _____

Tra, la, la, la, la, la, _____

Ouvre ton cœur

Louis Delâtre
(1815-1893)

Georges Bizet
(1838-1875)

Composed 1859/60. Published by Choudens, volume 2. This song began life as part of a dramatic piece Bizet composed as a student in Rome, the ode-symphony *Vasco de Gama* (1859/60). The work, a composite of opera, oratorio, and symphony, is hardly known today. "Ouvre ton cœur" was published separately and posthumously. It features the bolero rhythm that Bizet was so fond of, and has become a favorite of singers who respond happily to its vocal energy and color. As in "Guitare," this song, with its evocation of Spanish music, also looks forward towards Bizet's opera *Carmen*, especially the "Chanson Bohèmienne" which opens Act 2.

Ouvre ton cœur	*Open your heart*
La marguerite a fermé sa corolle,	*The daisy has closed its flowery crown,*
L'ombre a fermé les yeux du jour.	*Twilight has closed the eyes of day,*
Belle, me tiendras-tu parole?	*My lovely beauty, will you keep your word?*
Ouvre ton cœur à mon amour.	*Open your heart to my love.*
Ouvre ton cœur, ô jeune ange, à ma flamme,	*Open your heart to my desire, young angel*
Qu'en rêve charme ton sommeil.	*May a dream charm your slumber*
Je veux reprendre mon âme,	*I want to take back my soul*
Comme une fleur s'ouvre au soleil!	*As a flower opens to the sun!*

Allegretto

Copyright © 2001 by HAL LEONARD CORPORATION
International Copyright Secured   All Rights Reserved

jeune ange, à ma flam - me, _____

Comme u - ne

fleur s'ouvre au so - leil!

Ou - vre ton cœur, _____ ou - vre ton cœur, _____

Les cigales

Rosemond Gérard
(1866-1953)

Emmanuel Chabrier
(1841-1894)

Composed 1890. Song no. 5 of *Six mélodies*. Published by Enoch, 1890 in two versions, one with "simplified piano accompaniment." The original version is published here. Enoch was afraid Chabrier's difficult accompaniments would discourage amateur pianists and cut back on sales. Chabrier's response: "It seems to me quite useless to redo a few chords here and there; the men or women who sing it will be *musicians*; you cannot claim to be selling it in humble thatched cottages or to be having it sung by adolescents or mere dunderheads . . . " The mélodie is dedicated to Isabelle Jacmart, Chabrier's young niece. Emmanuel Chabrier was the quintessential Gallic personality. His amiable nature is mirrored in his mélodies which infused French song repertoire with wit, whimsy, and good humor (for more information on Chabrier, see "Villanelle des petits canards"). Poetess Rosemond Gérard was eighteen when she met Chabrier. Her first volume of poetry, *Les pipeaux*, had just been published. Among her verses and those of fiancé Edmond Rostand, Chabrier discovered a little bestiary of humorous poems—insightful observations of ducks, turkeys, pigs, and cicadas. He laughingly called these mélodies his "barnyard suite." In setting Gérard's poem, Chabrier made some changes. Her original verse for Stanza 4, verses 3 and 4 was: "Dans les oliviers rabougris/Aux imperceptibles fleurs pâles"; and Stanza 5 read: "Et sur les euphrobes aussi/Agonisant sur la pierraille/C'est encor leur voix qui s'éraille/Dans le pauvre gazon roussi." See the text below for Chabrier's alterations.

Les cigales

Le soleil est droit sur la sente,
L'ombre bleuit sous les figuiers,
Ces cris au loin multipliés,
C'est Midi, c'est Midi qui chante!

Sous l'astre qui conduit le chœur,
Les chanteuses dissimulées
Jettent leurs rauques ululées,
De quel infatigable cœur!

Les cigales, ces bestioles,
Ont plus d'âme que les violes,
Les cigales, les cigalons,
Chantent mieux que les violons!

S'en donnent elles, les cigales,
Sur les tas de poussière gris,
Sous les oliviers rabougris,
Étoilés de fleurettes pâles.

Et grises de chanter ainsi,
Elles font leur musique folle;
Et toujours leur chanson s'envole
Des touffes du gazon roussi!

Les cigales, ces bestioles,
Ont plus d'âme que les violes,
Les cigales, les cigalons,
Chantent mieux que les violons!

Aux rustres épars dans le chaume,
Le grand astre torrentiel,
À larges flots, du haut du ciel,
Verse le sommeil et son baume.

Tout est mort, rien ne bruit plus
Qu'elles, toujours, les forcenées
Entre les notes égrenées
De quelque lointain angélus!

Les cigales, ces bestioles,
Ont plus d'âme que les violes,
Les cigales, les cigalons,
Chantent mieux que les violons!

The cicadas

The sun is right above the footpath,
The shade turns blue under the fig trees,
Those cries, multiplied in the distance
It is Midday, it's Midday that sings!

Under the star which conducts the chorus,
The hidden singers
Utter their raucous song
And with what tireless heart!

The cicadas, those tiny insects,
Have more soul than the viols,
The cicadas, the little cicadas,
Sing better than violins!

They give it their all, the cicadas,
On the piles of gray dust,
Under the gnarled olive trees
Starred with pale blossoms.

And exhilarated from singing like this,
They make their crazy music,
And still their song soars relentlessly
From the tufts of scorched grass!

The cicadas, those tiny insects,
Have more soul than the viols,
The cicadas, the little cicadas,
Sing better than violins!

To the peasants scattered in the fields,
The great burning sun,
Flooding down from the high heavens,
Pours sleep and its balm.

Everything is dead, there is no sound but theirs
Frenzied and incessantly heard
Amid the far-flung notes
Of some distant angelus!

The cicadas, those tiny insects,
Have more soul than the viols,
The cicadas, the little cicadas,
Sing better than violins!

Copyright © 2001 by HAL LEONARD CORPORATION
International Copyright Secured   All Rights Reserved

o - les, ____ Ont plus d'â - me ____ que les vi - o - les, ____ Les ci -

ga - les, ____ les ci - ga - lons, Chan-tent mieux ____ que les vi - o -

lons! ____

Aux rus - tres é - pars dans le chau - me,

Le grand as - tre tor - ren - ti - el, A lar - ges flots, __

__ du haut du ciel, Ver - se le som-meil et __ son bau - me. __

ga - les, _____ les ci - ga - lons, Chan - tent mieux _____

que les vi - o - lons! _____

Villanelle des petits canards

Rosemond Gérard
(1866-1953)

Emmanuel Chabrier
(1841-1894)

Composed 1890. No. 1 of *Six mélodies*. Published by Enoch, 1890. Dedicated to Mlle. Mily-Meyer. First performance: Paris, 7 March 1890, Théâtre du Vaudeville, by the dedicatée. Chabrier described her as a "light singer—the smallest, the prettiest, the most fragile of operetta stars—she is the Tom Thumb of the theatrical world." Of his "barnyard suite" settings (see "Les cigales") Chabrier wrote: ". . . these songs cannot make it straight off; they are new and disconcerting; at first, only smart people will find them funny, then the others will join in . . . in order for them to please, you must have two artists, one at the piano, the other standing up, and no dullards in the audience. It's a lot to ask for, but it will come in time." Chabrier was as interested in poetry and painting as he was in music, and enjoyed the friendship of some of the most distinguished writers and artists of his day. He collected paintings by Cezanne, Renoir, and Manet long before they were recognized masters. Chabrier's portrait was painted by Manet, Degas, and Fantin-Latour. Rollo Meyers points out that Chabrier is too often dismissed as a minor composer of light music: " . . . it should not be forgotten that he was also a bold innovator who anticipated, in his harmonic language especially, many of the procedures which later became an integral part of the idiom of composers like Debussy and Ravel—both of whom, incidentally, thought very highly of him." Composer Francis Poulenc showed his high regard for Chabrier by writing a biography of the composer: "Ah! Chabrier, I love him as one loves a father! An indulgent father, always merry, his pockets full of tasty tidbits. Chabrier's music is a treasure house you can never exhaust; I just-could-not-do-without-it! It consoles me on my darkest days."

Villanelle des petits canards

Ils vont, les petits canards,
Tout au bord de la rivière,
Comme de bons campagnards!

Barboteurs et frétillards,
Heureux de troubler l'eau claire,
Ils vont, les petits canards,
Ils semblent un peu jobards,
Mais ils sont à leur affaire,
Comme de bons campagnards!

Dans l'eau pleine de têtards,
Où tremble une herbe légère,
Ils vont, les petits canards,
Marchant par groupes épars,
D'une allure régulière,
Comme de bons campagnards!

Dans le beau vert d'épinards
De l'humide cressonnière,
Ils vont, les petits canards,
Et quoiqu'un peu goguenards,
Ils sont d'humeur débonnaire
Comme de bons campagnards!

Faisant, en cercles bavards,
Un vrai bruit de pétaudière,
Ils vont, les petits canards,
Dodus, lustrés et gaillards,
Ils sont gais à leur manière,
Comme de bons campagnards!

Amoureux et nasillards,
Chacun avec sa commère,
Ils vont, les petits canards,
Comme de bons campagnards!

Villanelle of the little ducks

They go, the little ducks,
All along the river bank,
Like good countryfolk!

Paddling and waggling their tails,
Happy to muddy the clear water
They go, the little ducks,
They look a little foolish
But they take care of their business,
Like good countryfolk!

In the water full of tadpoles,
Where delicate reeds tremble,
They go, the little ducks,
Marching in scattered groups
At a well-regulated pace,
Like good countryfolk!

In the beautiful spinach-green
Of the moist watercress bed
They go, the little ducks,
And though a little roguish
They are really good-natured,
Like good countryfolk!

Making, in chattering circles,
A really terrible racket,
They go, the little ducks,
Plump, glossy, and merry
They are gay in their own way,
Like good countryfolk!

Amorous and nasal,
Each one with its crony,
They go, the little ducks,
Like good countryfolk!

Allegretto con moto

très simplement et très rythmé

Ils vont, les pe - tits ca - nards, Tout au bord de

la ri - viè - re, Com - me de bons cam-pa - gnards! _____

Bar - bo - teurs et fré - til - lards, Heu - reux de trou-bler l'eau

Copyright © 2001 by HAL LEONARD CORPORATION
International Copyright Secured   All Rights Reserved

clai - re, Ils vont, les pe - tits ca - nards, Ils sem - blent un

peu jo - bards, Mais ils sont à leur af - fai - re,

Com - me de bons cam - pa - gnards! _____

Dans l'eau plei - ne de tê - tards, Où

mi - de cres - son - niè - re, Ils vont, les pe - tits ca - nards,

Et quoi-qu'un peu go - gue-nards, Ils sont d'hu - meur dé - bon - nai - re

Com - me de bons cam - pa - gnards! _____

Fai - sant, en cer-cles ba - vards, Un vrai

bruit de pé - tau - diè - re, Ils vont, les pe -

tits ca - nards, Do - dus, lus - trés et gail - lards,

Ils sont gais à leur ma - niè - re, Com - me de

bons cam - pa - gnards! A - mou - reux

Lamento

Théophile Gautier
(1811-1872)

Henri Duparc
(1848-1933)

Composed 1883. Original key: D minor. Published by Rouart-Lerolle, 1911. Dedicated to Gabriel Fauré. The poem, taken from Gautier's *Comédie de la Mort* (1832) was also used by Berlioz in *Les nuits d'été* (titled "Au cimetière"). Duparc used only three stanzas of the original poem's six stanzas. Between stanzas 1 and 2 of the mélodie there is one omitted stanza; between stanzas 2 and 3 there are two omitted stanzas. Gautier's poem is full of repeated vowel sounds (*roucoulement, doucement / l'unison, tombe, l'ombre, colombe*) that call to mind the plaintive cooing sounds of the dove, and perpetuate the melancholy poetic mood. Duparc's somber opening motive is repeated hypnotically throughout the song. The composer's dedication to Fauré is also significant. Duparc might have composed this song in homage; the vocal line shows the suppleness and elegant curve characteristic of Fauré's style, and the overall musical setting is one of studied restraint.

Lamento

Connaissez-vous la blanche tombe
Où flotte avec un son plaintif
  L'ombre d'un if?
Sur l'if une pâle colombe,
Triste et seule au soleil couchant,
  Chante son chant.

On dirait que l'âme éveillée
Pleure sous terre à l'unisson
  De la chanson,
Et du malheur d'être oubliée
Se plaint dans un roucoulement,
  Bien doucement.

Ah! jamais plus près de la tombe
Je n'irai, quand descend le soir
  Au manteau noir,
Écouter la pâle colombe
Chanter, sur la branche de l'if,
  Son chant plaintif?

Lament

Do you know the white tomb
Where with a plaintive sound, floats
  The shadow of a yew tree?
On the yew a pale dove,
Sad and alone in the setting sun,
  Sings its song.

As though the awakened soul
Weeps, under the earth, in unison
  With the song,
And from the unhappiness of being forgotten
Moans in cooing sounds
  Very softly.

Ah! Nevermore near the tomb
Shall I go, when night descends
  In its black cloak,
To hear the pale dove
Sing on the branch of a yew
  Its plaintive song.

Copyright © 2001 by HAL LEONARD CORPORATION
International Copyright Secured   All Rights Reserved

tom - be   Où   flotte a - vec un son   plain - tif   L'om - bre d'un   if?   Sur

poco più **f**   *dim.*   **pp**

l'if   u - ne pâ - le co - lom - be,   Triste et seule au so-leil   cou - chant,   Chan - te son

poco cresc.   **pp**

sempre **pp**

chant.   On di-rait que l'âme é - veil - lé - e   Pleu-re sous terre ____ à l'u-nis - son   De la chan -

sempre **pp**

poco più **f**

son, Et du mal - heur d'ê - tre ou - bli - é - e Se plaint dans un rou - cou - le -

poco cresc.

dim. **pp**

ment, Bien dou - ce - ment.

Un peu plus animé

marquez le chant

p

ter la pâ - le co - lom - be Chan -

ter, sur la bran - che de l'if, _____

rit. *a tempo*

Son chant plain - tif!

rit. *a tempo* *poco a poco*

dim. *pp*

Chanson triste

Jean Lahor
(1840-1909)

Henri Duparc
(1848-1933)

Composed 1868. Original key: E-flat. Later orchestrated by the composer. Published by Rouart-Lerolle, 1911. Dedicated to M. Leon MacSwiney, Duparc's brother-in-law. MacSwiney was an amateur singer—obviously of considerable skill. Duparc left only sixteen songs, but they are among the most beautiful in the French repertoire. He continually polished and revised his mélodies and often destroyed many he felt were not worthy of publication. Duparc conceived most of his songs for what he called "the violin-voice," capable of fluent, flexible phrasing and real intensity of tone. "Chanson triste" was Duparc's first mélodie. Its slightly sentimental qualities link it to the salon style of Gounod, although Duparc's stylistic fingerprints can also be seen: a rich piano texture of arpeggios that urge the song forward, an expressive bass line, and spacious, flowing vocal phrases. Duparc chose poetry of living poets, all from the Parnassian school. (The Parnassians were a group of French poets were chiefly concerned with the classic ideals of the Greeks. Their poetry is elegant but highly impersonal in style, often containing a colorful orientalism.) Jean Lahor was one of the pen names of Dr. Henri Cazalis, a well-traveled intellectual. He was highly interested in oriental culture and thought, and his Buddhist sympathies earned him the title "Hindou du Parnasse Contemporain." His verses inspired two other Duparc songs: "Extase," and "Sérénade Florentine."

Chanson triste	*Sorrowful Song*
Dans ton cœur dort un clair de lune,	*In your heart sleeps moonlight,*
Un doux clair de lune d'été,	*A soft summer moonlight,*
Et pour fuir la vie importune	*And to escape life's worries,*
Je me noierai dans ta clarté.	*I shall drown myself in your light.*
J'oublierai les douleurs passées,	*I will forget past sorrows,*
Mon amour, quand tu berceras	*My love, when you cradle*
Mon triste cœur et mes pensées,	*My sad heart and my thoughts,*
Dans le calme aimant de tes bras.	*In the loving calm of your arms.*
Tu prendras ma tête malade	*You will take my sick head*
Oh! quelquefois sur tes genoux,	*Oh! sometimes on your knee*
Et lui diras une ballade	*And will tell it a ballad*
Qui semblera parler de nous.	*That will seem to speak of us.*
Et dans tes yeux pleins de tristesses,	*And from your eyes full of sadness*
Dans tes yeux alors je boirai	*From your eyes I shall drink*
Tant de baisers et de tendresses	*So many kisses and so much tenderness*
Que, peut-être, je guérirai…	*That, perhaps, I will heal…*

Lent avec un sentiment tendre et intime

Toujours très liè

Copyright © 2001 by HAL LEONARD CORPORATION
International Copyright Secured   All Rights Reserved

J'ou - blie-rai les dou-leurs pas - sé - es, Mon a - mour,

quand tu ber - ce-ras Mon tris - te cœur et mes pen - sé - es,

Dans le calme ai - mant _____ de tes bras. _____

La vie antérieure

Charles Baudelaire
(1821-1867)

Henri Duparc
(1848-1933)

Composed 1884. Originally composed for voice and orchestra. Original key: E-flat major. Dedicated to J. Guy Ropartz. Published by Rouart-Lerolle, 1911. Charles Baudelaire, the greatest of the poets set by Duparc, is often called the "father of modern poetry." A perverse and troubled genius, Baudelaire was drawn to unique, dark themes, and had a predilection for mysticism and ritualistic religion. His intensely personal poems reflect his decadent life style. "La vie antérieure" is extracted from Baudelaire's *Les fleurs du mal* (1857) which created a scandal when it first appeared. The author, publisher, and printer were successfully prosecuted and the book was suppressed because of its alleged immorality. Singer Charles Panzéra (1896-1976) describes this mélodie as "glowing with that strange Baudelairian light—near and far away, captivating and mysterious." Duparc's indication for the last section of the song is "almost half voice, with no nuance, like a vision." In the third stanza, Duparc repeats "C'est là" as if to emphasize the seductive force of that illusion. "La vie antérieure" was Duparc's last mélodie.

La vie antérieure	*The former life*
J'ai longtemps habité sous de vastes portiques	*For a long time I lived under vast porticos*
Que les soleils marins teignaient de mille feux,	*Which the suns of the sea tinted with a thousand fires*
Et que leurs grands piliers, droits et majestueux,	*And whose great pillars, straight and majestic,*
Rendaient pareils, le soir, aux grottes basaltiques.	*Made them look, at evening, like caves of basalt.*
Les houles, en roulant les images des cieux,	*The surging waves, mirroring the image of the skies,*
Mêlaient d'une façon solennelle et mystique	*Solemnly and majestically mingled*
Les tout-puissants accords de leur riche musique	*The all-powerful chords of their rich music*
Aux couleurs du couchant reflété par mes yeux.	*With the colors of the sunset reflected in my eyes.*
C'est là que j'ai vécu dans les voluptés calmes,	*It is there I lived in calm, sensual pleasure,*
Au milieu de l'azur, des vagues, des splendeurs	*Amid azure skies, waves, splendors*
Et des esclaves nus, tout imprégnés d'odeurs,	*And naked slaves, lavishly perfumed,*
Qui me rafraîchissaient le front avec des palmes,	*Who cooled my brow with palm fronds,*
Et dont l'unique soin était d'approfondir	*And whose only care was to deepen*
Le secret douloureux qui me faisait languir.	*The sad secret that made me languish.*

vas - tes por - ti - ques Que les so - leils ma - rins tei - gnaient de mil - le

opt.

feux, Et que leurs grands pi - liers, droits et ma -

jes - tu - eux, Ren - daient pa - reils, le soir, aux

grot - tes ba - sal - ti - ques. Les

Un peu plus vite mais très peu

hou - les, en rou - lant les i - ma - ges des

cieux, _____ Mê - laient d'u - ne fa -

reux _____ qui me fai - sait lan - guir.

un peu ralenti

dim.

pp

perdendo

Hébé

Louise Ackermann
(1813-1890)

Ernest Chausson
(1855-1899)

Composed 1882. Opus 2, no. 6, subtitled "Chanson grecque dans le mode phrygien." Publisher: Hamelle. Dedicated to Mlle. Eva Callimaki-Catargi, a young woman probably of Greek origin. She was painted twice by Fantin-Latour. In his painting titled *La leçon de dessin* she is portrayed copying a Greek plaster. Louise Ackermann, née Victorine Choquet, was a late romantic poetess. "Hébé" is found in her collection titled *Contes et poésies* (1863). Chausson was fascinated by eastern religions, especially Buddhism, and his attraction to this volume of poetry might have stemmed from its material on Savitri and Sakuntala. The divine cupbearer of the gods, Hébé, pours the elixir of youth. The poem is austere but elegant in its illustration of the young Grecian goddess; Chausson's use of the Phrygian mode evokes a mood of antiquity. Despite the grandeur of the poetic content, there is a sense of intimacy in the little scene of Hébé and the gods, a microcosm suspended in time, classic and complete.

Hébé

Les yeux baissés, rougissante et candide,
Vers leur banquet, quand Hébé s'avançait,
Les Dieux charmés tendaient leur coupe vide,
Et de nectar l'enfant la remplissait.

Nous tous aussi, quand passe la jeunesse,
Nous lui tendons notre coupe à l'envi.
Quel est le vin qu'y verse la Déesse?
Nous l'ignorons; il enivre et ravit.

Ayant souri dans sa grâce immortelle,
Hébé s'éloigne; on la rappelle en vain.
Longtemps encor, sur la route éternelle,
Notre œil en pleurs suit l'échanson divin.

Hébé

Her eyes lowered, blushing and ingenuous,
When Hébé drew near their banquet
The enchanted Gods held out their empty cups,
And the child refilled them with nectar.

All we too, when youth has passed.
Hold out our cup to her with longing.
What is the wine the Goddess pours there?
We do not know; it intoxicates and delights.

Having smiled in her immortal grace,
Hébé goes on her way; we call her back in vain.
On the eternal path, for a long time still
Our tearful eyes follow the divine cup-bearer.

Copyright © 2001 by HAL LEONARD CORPORATION
International Copyright Secured   All Rights Reserved

poco rit.   *a tempo*

Vers leur ban-quet, quand Hé - bé s'a - van - çait,   Les Dieux __ char-més   ten -

poco rit.   *a tempo*

poco rit.

daient leur cou-pe vi - de,   Et de nec - tar __ l'en - fant la rem-plis-sait.

poco rit.

a tempo   *mf*   *un peu plus vite*

Nous tous aus - si, quand pas - se la __ jeu -

a tempo   *un peu plus vite*

nes - se,   Nous lui ten - dons no-tre coupe à l'en - vi. ____

Le charme

Armand Silvestre
(1837-1901)

Ernest Chausson
(1855-1899)

Composed 1879. Op. 2, No. 2. Publisher: Hamelle. Armand Silvestre's poem appears in *Chansons des heures*. The poem is titled "Pour une voix," and is found in the section of poems titled *Vers pour être chanté*. Fauré set "Le plus doux chemin" from this volume. Silvestre was a well-known poet and novelist of the day. His poetry is extricably bound up with the history of French song; Fauré and Massenet used his verses extensively. Silvestre poems were also set by Bizet, Delibes, Duparc, Lalo, and Roussel. "Le charme" is one of the very earliest of Chausson's songs. It has all the simplicity and attractive qualities of a salon song. At the time he composed it, Chausson was studying with Jules Massenet, and had just begun attending the classes of César Franck. Perhaps Massenet's fondness for Silvestre's poetry prompted Chausson's choice of text for this song. It was to be Chausson's only setting of the poet.

Le charme	The Charm
Quand ton sourire me surprit,	When your smile surprised me
Je sentis frémir tout mon être,	I felt all my being tremble
Mais ce qui domptais mon esprit	But what had subdued my spirit
Je ne pus d'abord le connaître.	At first I could not know.
Quand ton regard tomba sur moi,	When your gaze fell upon me
Je sentis mon âme se fondre,	I felt my soul melt,
Mais ce que serait cet émoi,	But what this emotion might be,
Je ne pus d'abord en répondre.	At first I could not understand.
Ce qui me vainquit à jamais,	What vanquished me forever
Ce fut un plus douloureux charme,	Was a much sadder charm,
Et je n'ai su que je t'aimais,	And I did not know that I loved you
Qu'en voyant ta première larme.	Until I saw your first tear.

Copyright © 2001 by HAL LEONARD CORPORATION
International Copyright Secured   All Rights Reserved

Le temps des lilas

Maurice Bouchor
(1855-1929)

Ernest Chausson
(1855-1899)

Composed 1886. Publisher: Rouart-Lerolle. This poem is found in Maurice Bouchor's volume *Les poèmes de l'amour et de la mer* (1876) in the section titled "La mort de l'amour." Chausson's setting for voice and piano is probably his most famous mélodie. He later used the song as the third movement of his orchestral song cycle titled *Poème de l'amour et de la mer*, Opus 19. Its memorable opening theme was also the basis for the second movement of that work, the orchestral Interlude. A full score was published in 1919, after the composer's death. Chausson dedicated the *Poème de l'amour et de la mer* to Henri Duparc. The first performance was sung by Désiré Demest in Brussels, 21 February 1893. Maurice Bouchor and Chausson were contemporaries and close friends. Chausson composed a total of eight mélodies to Bouchor's verses during the period from 1878 to 1888. As the century drew to a close, reminiscence became a prominent poetic theme. Bouchor's poem emphasizes loss, change, and nostalgia for things past.

Le temps des lilas

Le temps des lilas et le temps des roses
Ne reviendra plus à ce printemps-ci;
Le temps des lilas et le temps des roses
Est passée, le temps des œillets aussi.

Le vent a changé, les cieux sont moroses,
Et nous n'irons plus courir, et cueillir
Les lilas en fleur et les belles roses;
Le printemps est triste et ne peut fleurir.

Oh! joyeux et doux printemps de l'année,
Qui vins, l'an passé, nous ensoleiller,
Notre fleur d'amour est si bien fanée,
Las que ton baiser ne peut l'éveiller!

Et toi, que fais-tu? pas de fleurs écloses,
Point de gai soleil ni d'ombrages frais;
Le temps des lilas et le temps des roses
Avec notre amour est mort à jamais.

The time of lilacs

The time of lilacs and the time of roses
Will not return again this spring
The time of lilacs and the time of roses
Is passed, the time of carnations too.

The wind has changed, the skies are gloomy,
And we will go no more to gather
The flowering lilacs and the beautiful roses;
The spring is sad and cannot blossom.

Oh! joyful and sweet spring of the year,
That came last year to bathe us in sunshine,
Our flower of love is now so withered
Alas! your kiss cannot revive it!

And you, what are you doing? No budding flowers,
No cheerful sunlight or cool shadows
The time of lilacs and the time of roses
With our love, is dead forever.

Copyright © 2001 by HAL LEONARD CORPORATION
International Copyright Secured   All Rights Reserved

Le colibri

Charles-Marie-René Leconte de Lisle
(1818-1894)

Ernest Chausson
(1855-1899)

Composed 1882. Opus 2, no. 7. Publisher: Hamelle. Dedicated to Lady Harbord. The seven songs of Opus 2 ("Nanny," "Le charme," "Les papillons," "Le dernière feuille," "Sérénade italienne," "Hébé," and " Le colibri") contain a variety of subject matter, but are especially notable for their effective synthesis of music and poetry. Chausson was particularly attracted to the poetry of Charles-Marie-René Leconte (known as de Lisle because of his birthplace), the leader of the Parnassian poets. The Parnassians stressed restraint, objectivity, and precise description in their poetry. De Lisle's verse is rich in imagery, color, rhythm, and veiled sensuality. Chausson's setting is full of subtle nuance; even the unusual metric signature (5/4) seems natural. The sultry world of the hummingbird could easily be linked to the paintings of Paul Gauguin, a friend of Chausson. Chausson's superb personal collection of paintings included not only canvasses by Gauguin, but also Delacroix, Corot, Renoir, Degas, and Japanese prints by the great masters. It is little wonder that Chausson was drawn to de Lisle's poetic images.

Le colibri	*The hummingbird*
Le vert colibri, le roi des collines,	*The green hummingbird, the king of the hills,*
Voyant la rosée et le soleil clair	*Seeing the dew and the bright sunlight*
Luire dans son nid tissé d'herbes fines,	*Shining on his nest woven from fine grasses*
Comme un frais rayon s'échappe dans l'air.	*Like a fresh ray, escapes into the air.*
Il se hâte et vole aux sources voisines,	*He hurries and flies to the nearby springs*
Où les bambous font le bruit de la mer,	*Where bamboos make a sound like the sea*
Où l'açoka rouge, aux odeurs divines,	*Where the divinely perfumed red hibiscus*
S'ouvre et porte au cœur un humide éclair.	*Unfolds the dewy brilliance of its heart.*
Vers la fleur dorée il descend, se pose,	*To the gilded flower he descends, he hovers*
Et boit tant d'amour dans la coupe rose	*And drinks so much love from the red cup*
Qu'il meurt, ne sachant s'il l'a pu tarir.	*That he dies, not knowing if he has drained it!*
Sur ta lèvre pure, ô ma bien-aimée,	*On your pure lips, o my beloved*
Telle aussi mon âme eut voulu mourir	*My soul would also have wished to die*
Du premier baiser qui l'a parfumée!	*Of the first kiss which perfumed it!*

Copyright © 2001 by HAL LEONARD CORPORATION
International Copyright Secured   All Rights Reserved

ro - se _____ Qu'il meurt, _____ ne sa-chant s'il l'a pu _ ta -

rir! _____ Sur ta lèv-re pu - re,

ô ma bien-ai-mé _ e, Telle aus - si mon âme eut vou-lu mou - rir, _____

Du pre - mier bai-ser, _ qui l'a par-fu - mé _____ e. _____

Beau soir

Paul Bourget
(1852-1935)

Claude Debussy
(1862-1918)

Some sources date this song 1877/78; however Rohinsky dates it 1882, and Cobb suggests 1883 as a likely year for its composition. Bourget's poem is found in *Les Aveux II*, first published in 1882; "En voyage", no. VII, in *Dilettantisme*. Published by Vve E. Girod 1891; Fromont, 1919; Jobert, n.d. Arranged for violin and piano by A. Bachmann (Jobert, 1909); for orchestra by H. Mouton (Jobert, 1926); and for cello and piano (Jobert, 1923). Debussy composed "Beau soir" at twenty or twenty-one years of age, and before his journey to Rome in 1884 as winner of the Prix de Rome. It was not published until 1891, the year before the premiere of *Pelléas et Mélisande*. It is difficult to recognize much of Debussy's characteristic musical style in this early mélodie. He does, however, tip his cap to Massenet with supple, graceful vocal phrases. See "Les cloches" for information on Bourget.

Beau soir

Lorsque au soleil couchant les rivières sont roses,
Et qu'un tiède frisson court sur les champs de blé,
Un conseil d'être heureux semble sortir des choses
Et monter vers le cœur troublé.

Un conseil de goûter le charme d'être au monde
Cependant qu'on est jeune et que le soir est beau,
Car nous nous en allons, comme s'en va cette onde:
Elle à la mer, nous au tombeau.

Beautiful evening

When at sunset the rivers are rose-tinted
And a warm breeze shivers across the wheat fields,
A suggestion to be happy seems to emanate from all things
And rises towards the restless heart.

A suggestion to savor the pleasure of being alive
While one is young and the evening is beautiful
For we shall go, as this wave goes:
It to the sea, we to the tomb.

Andante ma non troppo

Lorsque au so - leil cou - chant les ri -

Copyright © 2001 by HAL LEONARD CORPORATION
International Copyright Secured   All Rights Reserved

Les cloches

Paul Bourget
(1852-1935)

Claude Debussy
(1862-1918)

Composed 1891? No. 2 *Deux romances* (No. 1 is "Romance"). Publisher: Durand, 1891. The style of *Deux romances* suggests the two songs were probably composed well before publication; Cobb suggests the date 1886. The text is taken from Bourget's *Dilettantisme*, in *Les Aveux II*, 1882. The title of Bourget's poem is "Romance." The song manuscript is untitled; the publisher added the title "Les cloches." Paul Bourget, critic and novelist noted for his intellect, was a poet associated with a number of Debussy's early songs. Debussy's settings of Bourget's verses are lyrical and nostalgic (see "Beau soir"), and are musically linked to early Fauré or Massenet in style.

Les cloches	*The bells*
Les feuilles s'ouvraient sur le bord des branches,	*The leaves opened on the edges of the branches,*
Délicatement,	*Delicately,*
Les cloches tintaient, légères et franches,	*The bells pealed, light and clear,*
Dans le ciel clément.	*In the mild sky.*
Rythmique et fervent comme une antienne,	*Rhythmic and fervent like an anthem,*
Ce lointain appel	*That distant peal*
Me remémorait la blancheur chrétienne	*Brought to mind the Christian whiteness*
Des fleurs de l'autel.	*Of altar flowers.*
Ces cloches parlaient d'heureuses années,	*Those bells spoke of happy years,*
Et dans le grand bois,	*And in the great woods,*
Semblaient reverdir les feuilles fanées	*Seemed to turn green again the faded leaves*
Des jours d'autrefois.	*Of days gone by.*

Copyright © 2001 by HAL LEONARD CORPORATION
International Copyright Secured   All Rights Reserved

Me re-mé-mo-rait la blan-cheur chré-tien - ne

Des fleurs de l'au - tel.

rit. e dim.

Un peu plus lent

doux et expressif

Ces

clo - ches par - laient d'heu - reu - ses an - né -

Mandoline

Paul Verlaine
(1844-1896)

Claude Debussy
(1862-1918)

Composed 1882. Song no. 3 in the *Vasnier Songbook*. Publisher, *La Revue illustrée*, September 1, 1890, with illustrations by Willette; Durand et Schoenewerk, Paris, 1890; Durand 1905, 1907. Arranged for voice and orchestra by Louis Beydts; Durand, 1930. There are two manuscripts: a dated manuscript with the dedication in the Bibliothèque Nationale, Paris; an undated manuscript in the Houghton Library, Harvard University. There are text changes in the undated manuscript: C'est Tircis et c'est *Lycandre* (Debussy)/ C 'est Tircis et c'est *Aminte* (Verlaine); D'une lune *grise et rose* (Debussy)/ D'une lune *rose et grise* (Verlaine). On the back of the last page of this manuscript are found the first sixteen bars of an early version of "En sourdine," without the words. "Mandoline" is dedicated to Mme. Vasnier ("These songs that lived only through her and that would lose their charming grace were they nevermore to issue from her melodious fairy mouth, the author eternally grateful.") Marie-Blanche Vasnier was a gifted amateur singer with whom the young Debussy was infatuated. Debussy composed a volume of thirteen songs, the so-called "Vasnier Songbook," as a gift for her. Their tumultuous liaison ended around 1887. Debussy was the first composer of importance to set Verlaine's poetry. Fauré, Hahn, Chabrier, Milhaud, Ravel, Chausson, and others followed him. (See Fauré's "Mandoline", composed eight years later).

Mandoline	Mandolin
Les donneurs de sérénades	The serenaders
Et les belles écouteuses,	And their lovely listeners,
Échangent des propos fades	Exchange trivial banter
Sous les ramures chanteuses.	Under the singing boughs.
C'est Tircis et c'est Aminte,	It is Tircis and Aminte,
Et c'est l'éternel Clitandre,	And the tiresome Clitandre,
Et c'est Damis qui pour mainte	And Damis, who for many a
Cruelle fait maint vers tendre.	Cruel woman writes many a tender verse.
Leurs courtes vestes de soie,	Their short silken jackets,
Leurs longues robes à queues,	Their long dresses with trains
Leur élégance, leur joie,	Their elegance, their merriment,
Et leurs molles ombres bleues,	And their soft blue shadows,
Tourbillonnent dans l'extase	Whirl wildly in the rapture
D'une lune rose et grise,	Of a pink and gray moon,
Et la mandoline jase	And the mandolin chatters on
Parmi les frissons de brise.	Amid the shivering breeze.

Copyright © 2001 by HAL LEONARD CORPORATION
International Copyright Secured   All Rights Reserved

sé - ré - na - des Et les bel - les é - cou - teu - ses É - chan - gent

des pro-pos fa - des Sous les ra - mu-res chan - teu -

ses. _____ C'est Tir-cis et c'est _ A - min -

- te, Et c'est l'é-ter-nel Cli - tan -

Noël des enfants qui n'ont plus de maisons

Claude Debussy

Claude Debussy
(1862-1918)

Composed 1915. Published by Durand & Cie, Paris, 1916; also Durand, 1916, in a version for piano and two sopranos. The manuscript for voice and piano as well as a version for children's chorus and piano are in the Bibliothèque Nationale, Paris. Jane Monjovet gave the first performance at a concert of the Amitiés franco-étrangères in the Grand Amphitheater of the Sorbonne, 9 April 1916. This is Debussy's last song, written to his own text on the eve of his first operation for the cancer that ended his life two years later. Enraged by the invasion of northern France by the German armies during World War I, he composed this personal protest. When Henri Büsser asked for permission to orchestrate the song, Debussy replied: "No, no, I have already refused it to André Caplet. I want this piece to be sung with the most discreet accompaniment. Not a word of this text must be lost, inspired as it is by the rapacity of our enemies. It is the only way I have to fight the war."

Noël des enfants qui n'ont plus de maisons

Nous n'avons plus de maisons!
Les ennemis ont tout pris,
    tout pris, tout pris,
       jusqu'à notre petit lit!
Ils ont brûlé l'école et notre maître aussi.
Ils ont brûlé l'église et monsieur Jésus-Christ
Et le vieux pauvre qui n'a pas pu s'en aller!

Nous n'avons plus de maisons!
Les ennemis ont tout pris,
    tout pris, tout pris,
       jusqu'à notre petit lit!

Bien sûr! Papa est à la guerre,
Pauvre maman est morte!
Avant d'avoir vu tout ça.
Qu'est-ce que l'on va faire?
Noël! Petit Noël! N'allez pas chez eux,
    n'allez plus jamais chez eux.
  Punissez-les!

Vengez les enfants de France!
Les petits Belges, les petits Serbes,
    et les petits Polonais aussi!
Si nous en oublions, pardonnez-nous.
Noël! Noël! surtout, pas de joujoux,
Tâchez de nous redonner le pain quotidien.

Noël! Écoutez-nous,
Nous n'avons plus de petits sabots:
Mais donnez la victoire aux enfants de France!

Christmas carol for homeless children

We have no homes!
The enemy has taken everything,
    everything, everything,
       Even our little beds!
They have burned the school and our schoolmaster too.
They have burned the church and Mr. Jesus Christ
And the poor old man who could not get away!

We have no homes!
The enemy has taken everything,
    everything, everything,
       even our little beds!

Of course! Papa is away at war,
Poor Mama is dead!
Before she could see all of that.
What are we to do now?
Christmas! Little Father Christmas! Never visit their homes,
    never go to their homes again.
Punish them!

Avenge the children of France!
The little Belgians, the little Serbs,
    and the little Poles too!
If we've forgotten any, forgive us.
Christmas! Father Christmas! above all no toys,
Try to give us again our daily bread.

Christmas! Hear us,
We have no little shoes left:
But give victory to the children of France!

Doux et triste (♩. = 144)

Copyright © 2001 by HAL LEONARD CORPORATION
International Copyright Secured   All Rights Reserved

Nous n'a - vons plus de mai - sons!

simile

Les en - ne - mis ont tout

pris, tout pris, tout pris, jus - qu'à no - tre pe - tit

lit! Ils ont brû - lé l'é -

les pe - tits Ser - bes, et les pe - tits Po - lo - nais aus -

si!

Sempre animato

crescendo poco a poco

Si nous en ou - bli - ons,

crescendo poco a poco

par - don - nez - nous.

No - ël!

No - ël!

sur - tout, _____

sons!

Les en - ne - mis ont tout pris, tout pris, tout

decresc.

pris jus - qu'à no - tre pe - tit lit!

Ils ont brû - lé, l'é - cole et no - tre maître aus - si.

Nous n'a - vons plus de pe - tits sa - bots: _____

Tempo I

crescendo molto

Mais don - nez la vic - toire aux en - fants de

crescendo molto

Fran - ce!

Après un rêve

Romain Bussine
(1830-1899)
After an anonymous Tuscan poet

Gabriel Fauré
(1845-1924)

Composed 1878? Op. 7, no. 1. The publisher, Hamelle added the opus number, at the request of Fauré, in 1896. Dedicated to Madame Marguerite Baugnies. Published by Choudens, 1878; Hamelle, 1887, first collection, no. 15. First performance, Société nationale de musique, 11 January 1879, Henriette Fuchs, soprano. Romain Bussine, professor of singing at the Paris Conservatoire, adapted the text from an Italian poem titled "Levati sol che la luna é levatai." It is written in an Italianate *bel canto* style, no doubt inspired by Fauré's relationship with the Viardot family. Fauré was engaged to Marianne Viardot, daughter of Pauline Viardot (see "Fleur desséchée"). Marianne terminated the engagement, and Fauré composed this song—the evocation of a lost vision of love—soon after. Fauré's other Italianate settings ("Sérénade toscane," "Barcarolle" and "Chanson du pêcheur") also belong to this period. The popularity of this mélodie has occasioned many instrumental transcriptions.

Après un rêve

Dans un sommeil que charmait ton image
Je rêvais le bonheur, ardent mirage;
Tes yeux étaient plus doux, ta voix pure et sonore,
Tu rayonnais comme un ciel éclairé par l'aurore.

Tu m'appelais et je quittais la terre
Pour m'enfuir avec toi vers la lumière;
Les cieux pour nous, entr'ouvraient leurs nues,
Splendeurs inconnues, lueurs divines entrevues…

Hélas, hélas, triste réveil des songes!
Je t'appelle, ô nuit, rends-moi tes mensonges;
Reviens, reviens radieuse,
Reviens, ô nuit mystérieuse!

After a dream

In a sleep charmed by your image
I dreamed of happiness, ardent mirage;
Your eyes were soft, your voice pure and rich,
You were radiant as a sky lit by the dawn.

You called me, and I left the earth
To flee with you towards the light.
The heavens parted their clouds for us
Unknown splendors, glimpses of divine light…

Alas, alas, sad awakening from dreams!
I call to you, o night, give me back your illusions;
Return, return in radiance,
Return, o mysterious night!

Copyright © 2001 by HAL LEONARD CORPORATION
International Copyright Secured   All Rights Reserved

ges! Je t'ap-pelle, ô nuit, _____ rends-moi tes men -

son - - ges; Re - viens, re -

viens ra - di - eu - se, Re - viens, ô

nuit mys-té - ri - eu - - se!

Chanson d'amour

Armand Silvestre
(1838-1901)

Gabriel Fauré
(1845-1924)

Composed 1882. Op. 27, no. 1. Dedicated to Madamoiselle Jane Huré. Published by Hamelle, 1882; second collection. no. 10. First performance: Société nationale de musique, 9 December 1882, Jane Huré, soprano. Armand Silvestre wrote graceful verse often criticized as sentimental and lacking in depth. However, composers such as Fauré and Duparc seemed able to work easily with his poetry. Fauré composed ten mélodies and one choral work using Silvestre's verses. In this setting, Fauré lengthened the poem by using the first four lines as a refrain.

Chanson d'amour	*Love Song*
J'aime tes yeux, j'aime ton front,	*I love your eyes, I love your forehead,*
O ma rebelle, ô ma farouche,	*O my rebel, o my wild one,*
J'aime tes yeux, j'aime ta bouche	*I love your eyes, I love your mouth*
Où mes baisers s'épuiseront.	*Where my kisses will exhaust themselves.*
J'aime ta voix, j'aime l'étrange	*I love your voice, I love the strange*
Grâce de tout ce que tu dis,	*Grace of all you say,*
O ma rebelle, ô mon cher ange,	*O my rebel, o my darling angel,*
Mon enfer et mon paradis!	*My hell and my paradise!*
J'aime tout ce qui te fait belle,	*I love everything that makes you beautiful,*
De tes pieds jusqu'à tes cheveux,	*From your feet to your hair,*
O toi vers qui montent mes vœux,	*O you towards whom all my desires fly,*
O ma farouche, ô ma rebelle!	*O my wild one, o my rebel!*

Copyright © 2001 by HAL LEONARD CORPORATION
International Copyright Secured   All Rights Reserved

Clair de lune

Paul Verlaine
(1844-1896)

Gabriel Fauré
(1845-1924)

Composed 1887, Op. 46, no. 2. Dedicated to Monsieur Emmanuel Jadin. Published by Hamelle, 1888; second collection, no. 19; London, Metzler, 1897. Orchestrated by the composer in 1888. First performance, Société nationale de musique April 1888; Marice Bagès, tenor, with orchestra. The poem is taken from Verlaine's *Fêtes galantes* of 1869. Verlaine blends world of the *commedia dell'arte** with the atmosphere of the *Fêtes galantes* (romantic festivities) as depicted in eighteenth-century paintings by Watteau—scenes of charming, elegantly dressed couples, amusing themselves in great parks amidst fountains and statues (see "Mandoline"). Fauré always created an atmosphere or poetic mood in his songs, nowhere more elegantly than here—an extraordinary example of text and music that mutually enhance one another. This song was Fauré's first setting of Verlaine.

*The *commedia dell'arte* was a popular comedy form improvised by strolling players, using stock characters such as Columbine and Harlequin.

Clair de lune

Votre âme est un paysage choisi
Que vont charmant masques et bergamasques*
Jouant du luth et dansant et quasi
Tristes sous leurs déguisements fantasques.

Tout en chantant sur le mode mineur
L'amour vainqueur et la vie opportune,
Ils n'ont pas l'air de croire à leur bonheur
Et leur chanson se mêle au clair de lune.

Au calme clair de lune triste et beau,
Qui fait rêver les oiseaux dans les arbres
Et sangloter d'extase les jets d'eau,
Les grands jets d'eau sveltes parmi les marbres.

Moonlight

Your soul is a rare landscape
Charmed by masks and bergamasks
Playing the lute and dancing, and almost
Sad beneath their fantastic disguises.

While singing in the minor key
Of victorious love and the good life,
They do not seem to believe in their happiness,
And their song blends with the moonlight.

With the calm moonlight, sad and beautiful,
That makes the birds dream in the trees,
And the fountains sob with rapture,
The tall slender fountains among the marble statues.

*Although the term "bergamask" normally refers to a dance, Verlaine was apparently using the word to refer to those characters of the Italian comedy, such as Harlequin, who spoke in the dialect of Bergamo.

Copyright © 2001 by HAL LEONARD CORPORATION
International Copyright Secured   All Rights Reserved

decresc.

p

Votre âme est un pa - y - sa - ge choi - si

pp

Que vont char-mant mas - ques et ber-ga - mas - ques _____

sempre cantabile

Jou - ant du luth et dan - sant et qua - si

Ped. * Ped. * Ped. * Ped. * Ped. * Ped. *

Tris - tes sous leurs dé - gui - se - ments fan -

Ped. * Ped. * Ped. * Ped. * Ped. * Ped. *

tas - ques.

p

Ped. * Ped. * Ped. * Ped. *

dolce

Tout en chan - tant sur le mo - de mi - neur L'a - mour vain - queur ____

pp

espressivo e dolce

Au cal - me clair de lu - ne

triste et beau, Qui

dolce

fait rê - ver les oi - seaux dans les

ar - bres Et san - glo - ter d'ex -

meno **p**

Lydia

Charles-Marie-René Leconte de Lisle
(1818-1894)

Gabriel Fauré
(1845-1924)

Composed c.1870. Op. 4, no. 2. Published by G. Hartmann, 1871; Choudens, 1877; Hamelle, 1887, first collection. no. 8. Dedicated to Mme. Marie Trélat. First performance, Société nationale de musique, 18 May 1872, Marie Trélat, mezzo-soprano. This is Fauré's first setting of Leconte de Lisle (see "Le Colibri"). De Lisle's poem in Hellenic style is elegant and beautifully balanced. Fauré mirrored its simplicity and antique mood by using the Lydian mode and simple vocal phrases with graceful curving lines. Fauré altered the poem slightly, probably to improve the vocal flow. "Chanter sur *tes lèvres* en fleur" was changed to "Chanter sur *ta lèvre* en fleur." In the first verse, Fauré omits the bracketed words in his setting: "Et sur ton col frais et si blanc / [Que le lait,] roule étincelant." He gives the omitted words to the piano, which melodically initiates the phrase, removing the comparison of "white" and "milk." The song became personally signifi-cant when Fauré used its first measures as a recurring symbolic motif* in his song cycle *La bonne chanson* (1892-94).

*"Lydia" presumably referred to Emma Bardac, with whom Fauré was having an affair at the time he composed *La bonne chanson.*

Lydia

Lydia, sur tes roses joues,
Et sur ton col frais et si blanc,
[Que le lait,] roule étincelant
L'or fluide que tu dénoues.

Le jour qui luit est le meilleur;
Oublions l'éternelle tombe.
Laisse tes baisers, tes baisers de colombe
Chanter sur ta lèvre en fleur.

Un lys caché répand sans cesse
Une odeur divine en ton sein:
Les délices, comme un essaim,
Sortent de toi, jeune Déesse!

Je t'aime et meurs, ô mes amours,
Mon âme en baisers m'est ravie!
O Lydia, rends-moi la vie,
Que je puisse mourir toujours!

Lydia

Lydia, onto your rosy cheeks
And onto your neck, so fresh and white
There rolls down, gleaming
The flowing gold that you loosen.

The day that is dawning is the best;
Let us forget the eternal tomb.
Let your kisses, your dove-like kisses
Sing on your blossoming lips.

A hidden lily ceaselessly spreads
A divine scent in your bosom.
Delights, like swarming bees,
Emanate from you, young goddess!

I love you and die, oh my love,
My soul is ravished in kisses
O Lydia, give me back my life,
That I may die, die forever!

Copyright © 2001 by HAL LEONARD CORPORATION
International Copyright Secured   All Rights Reserved

Et sur ton col frais et si* blanc, roule é -
tin - ce - lant L'or flu - i - de ___ que tu dé - nou - es.
Le jour qui luit est le meil-leur; Ou - bli - ons l'é - ter - nel - le
tom - be. Lais - se tes bai-sers, tes bai - sers _ de ___ co - lom - be

*"plus" in the original poem

*"tes lèvres" in the original poem

Mandoline

Paul Verlaine
(1844-1896)

Gabriel Fauré
(1845-1924)

Composed 1891. Op. 58, no. 1 of *Cinq mélodies de Venise*. Dedicated to Madame la princesse Edmond de Polignac. Published by Hamelle, 1891; third collection, nos. 7-11. First performance, Société nationale de musique, 2 April 1892. Florent Schmitt orchestrated "Mandoline". Fauré began composing this set in Venice, while staying at the palazzo of the Princesse Edmond de Polignac, a great patron of contemporary music and art. The Princesse was formerly Winnaretta Singer, the sewing-machine heiress, who hosted one of the most elegant and influential salons in Paris. She was responsible for bringing Fauré and Verlaine together. "Mandoline," "En sourdine," and "A Clymène" are from Verlaine's collection of poems titled *Fêtes galantes*; "Green" and "C'est l'extase" come from his collection *Romances sans paroles*. Verlaine's flexible word rhythms created lyricism and fluidity in his verse, bringing back to French poetry musical qualities highly cultivated by the Renaissance poets (see Gounod's "O ma belle rebelle").

Mandoline

Les donneurs de sérénades
Et les belles écouteuses
Échangent des propos fades
Sous les ramures chanteuses.

C'est Tircis et c'est Aminte,
Et c'est l'éternel Clitandre,
Et c'est Damis qui pour mainte
Cruelle fait maint vers tendre.

Leurs courtes vestes de soie,
Leurs longues robes à queues,
Leur élégance, leur joie
Et leurs molles ombres bleues,

Tourbillonnent dans l'extase
D'une lune rose et grise,
Et la mandoline jase
Parmi les frissons de brise.

Mandolin

The serenaders
And their lovely listeners,
Exchange trivial banter
Under the singing boughs.

It is Tircis and Aminte,
And the tiresome Clitandre,
And Damis, who for many a
Cruel woman writes many a tender verse.

Their short silken jackets,
Their long dresses with trains
Their elegance, their merriment,
And their soft blue shadows,

Whirl wildly in the rapture
Of a pink and gray moon,
And the mandolin chatters on
Amid the shivering breeze.

Copyright © 2001 by HAL LEONARD CORPORATION
International Copyright Secured   All Rights Reserved

min - te, Et c'est l'é - ter - nel Cli -

tan - dre, Et c'est Da - mis qui pour main - te Cru -

el - le fait* maint vers ten -

dre. _____ Leurs cour - tes ves-tes de soie,

Leurs lon - gues ro - bes à queues, Leur é - lé - gan-ce, leur joie

*"fit" in previous editions; "fait" is true to original poem

Et leurs mol - les om - bres bleue,

Tour - bil-lon - nent dans l'ex - ta - se D'u - ne lu - ne rose et

gri - se, Et la man - do - li - ne

ja - se Par - mi les fris - sons de bri - se.

Les don-neurs de sé - ré - na - des

Et les bel - - les é - cou-teu - ses _____ É -

chan - gent _____ des pro - pos fa - des Sous les ra -

mu - res chan - teu -

ses. _____

Notre amour

Armand Silvestre
(1838-1901)

Gabriel Fauré
(1845-1924)

Composed 1879? Op. 23, no. 2. Published by Hamelle, 1882, second collection, no. 8. At the request of the composer, the opus number was added by the publisher, Hamelle, in 1896. Dedicated to Madame Castillon. The light texture and delicate colors found in this strophic song are reminiscent of Gounod. Many of Fauré's mélodies were first heard in salons in homes of patrons such as the Princesse de Polignac, where private musical performances were given for guests. The audience was comprised of writers, painters, musicians and representatives of high society. Most of the performers were talented amateurs. Fauré appreciated these singers and their sense of style and often dedicated his mélodies to them. He always argued that the voice should not have the "voluptuous" prestige of a solo instrument, but should be a *porte-verbe* (word carrier) with an exquisite timbre. The optional high note at the end of the song originated with the composer, probably to flatter a particular singer.

Notre amour	Our love
Notre amour est chose légère	Our love is a light thing,
Comme les parfums que le vent	Like the perfumes that the wind
Prend aux cimes de la fougère,	Brings from the tips of the ferns,
Pour qu'on les respire en rêvant.	And lets us breathe them and dream.
Notre amour est chose charmante,	Our love is a charming thing,
Comme les chansons du matin,	Like the songs of the morning
Où nul regret ne se lamente,	Where no sorrow is voiced,
Où vibre un espoir incertain.	Where an uncertain hope vibrates.
Notre amour est chose sacrée,	Our love is a sacred thing,
Comme les mystères des bois	Like the mysteries of the woods
Où tressaille une âme ignorée,	Where an unknown soul is throbbing,
Où les silences ont des voix.	Where silences have voices.
Notre amour est chose infinie,	Our love is an infinite thing,
Comme les chemins des couchants,	Like the paths of the sunsets,
Où la mer, aux cieux réunie,	Where the sea, reunited with the sky,
S'endort sous les soleils penchants.	Falls asleep beneath the setting suns.
Notre amour est chose éternelle,	Our love is an eternal thing,
Comme tout ce qu'un dieu vainqueur	Like everything that a conquering god
A touché du feu de son aile,	Touches with the fire of his wing,
Comme tout ce qui vient du cœur.	Like all that comes from the heart.

Copyright © 2001 by HAL LEONARD CORPORATION
International Copyright Secured   All Rights Reserved

p *e leggiero e legato*

Notre a-mour est cho - se lé-gè-re   Com-me les par-fums   que le vent   Prend aux

ci - mes de la fou-gè - re,   Pour qu'on les res-pire __ en rê-vant.   Notre a -

mour est cho - se lé-gè - re! _____

sempre leggiero e legato

Notre a-mour est cho - se char-man - te,   Com-me les chan-sons   du ma-tin,   Où

p

mour est cho - se sa - cré - e! _____

Notre a-mour est chose in - fi - ni - e, Com - me les che-mins des cou - chants,

dolce

Où la mer, aux cieux ré - u - ni - e, S'en - dort sous les so - leils pen-chants.

*This optional note originated with the composer.

Automne

Armand Silvestre
(1838-1901)

Gabriel Fauré
(1845-1924)

Composed 1878, Opus 18, no. 3. Published by Hamelle, 1880; second collection, no. 3. First performance Société nationale de musique, 29 January 1881, Henrietta Fuchs, soprano. Dedicated to M. Emmanuel Jadin. In Fauré's catalogue, "Automne" stands out for its heavy dramatic texture and unrestrained climax. It is another example of Fauré's ability to compose an elegant, sustained melodic line underlaid with intense emotion (also see "Après un rêve").

Automne

Automne au ciel brumeux, aux horizons navrants,
Aux rapides couchants, aux aurores pâlies,
Je regarde couler, comme l'eau du torrent,
Tes jours faits de mélancolie.

Sur l'aile des regrets mes esprits emportés,
Comme s'il se pouvait que notre âge renaisse!
Parcourent en rêvant les coteaux enchantés,
Où jadis, sourit ma jeunesse!

Je sens au clair soleil du souvenir vainqueur,
Refleurir en bouquets les roses déliées,
Et monter à mes yeux des larmes,
Qu'en mon cœur
Mes vingt ans avaient oubliées!

Autumn

Autumn of misty skies and heartbreaking horizons,
Of fleeting sunsets, of pale dawns
I watch flowing by, like the waters of a torrent,
Your days tinged with melancholy.

My thoughts, carried away on the wings of regret,
—As though it were possible for our age to be reborn!
Travel in dreams over the enchanted hillsides,
Where once my youth had smiled!

In the bright sunlight of victorious memory
I smell the fallen roses blooming again in bouquets
And tears rise to my eyes
That in my heart
At twenty had been forgotten!

Copyright © 2001 by HAL LEONARD CORPORATION
International Copyright Secured   All Rights Reserved

jours faits de mé-lan-co-li - e.

dolcissimo

dimin.

dolce

Sur l'ai - le des re-grets mes es -

sempre pp

prits em - por-tés, Com - me s'il se pou-vait que notre

â - ge re-nais - se! Par-cou - rent en rê-vant les co -

cresc. molto

cresc.

teaux ___ en - chan - tés, Où ja - dis, _____ sou - rit ma jeu -

nes - se! _____ Je

sens, _____ au clair so - leil du sou - ve - nir vain - queur, _____

Re - fleu - rir en bou - quets _____ les

150

L'absent

Charles Gounod

Charles Gounod
(1818-1893)

Composed 1876. Published by Choudens. In 1870 Gounod traveled to England and remained there until 1874. His wife returned to Paris long before he did. During this period, Gounod became embroiled in a drawn-out and scandalous liaison with Georgina Weldon, an infamous eccentric of the Victorian era. Among other endeavors, Mrs. Weldon ran a girls' orphanage. Lessons in singing were part of the education, and she resolved to have Gounod as composer-in-residence for her protégés. Gounod's affair with the disastrous Mrs. Weldon reached its tumultuous climax in the English courts. Georgina Weldon sued the composer, claiming monies she allegedly spent for supporting him while he composed. The case dragged on for years, but a jury ultimately awarded Mrs. Weldon £10,000 in damages. Gounod never paid, but could never return to England. During his sojourn in that country, he composed some sixty songs to English texts, including verses by Byron, Shelley, and Longfellow. Gounod composed the text and music for "L'absent" as a gesture of contrition to his wife after the Weldon affair.

L'absent

O silence des nuits dont la voix seule est douce,
Quand je n'ai plus sa voix,
Mystérieux rayons, qui glissez sur la mousse
Dans l'ombre de ses bois,

Dites-moi si ses yeux, à l'heure où tout sommeille
Se rouvrent doucement
Et si ma bien-aimée alors que moi je veille,
Se souvient de l'absent.

Quand la lune est aux cieux, baignant de sa lumière
Les grands bois et l'azure;
Quand des cloches du soir qui tintent la prière
Vibre l'écho si pur,

Dites-moi si son âme, un instant recueillie
S'élève avec leur chant,
Et si de leurs accords la paisible harmonie
Lui rappelle l'absent!

The Absent One

O silence of the night, whose voice alone is sweet
When I no longer hear her voice
Mysterious rays, gliding over the moss
In the shade of her woods—

Tell me if her eyes, at the hour when all sleeps
Reopen gently
And then if my beloved, when I am waking,
Remembers the absent one.

When the moon is in heaven, bathing with its light
The great forests and the sky;
When the evening bells, tolling for prayer
Awaken so pure an echo—

Tell me if her soul, musing for an instant
Raises her voice with their song,
And if the peaceful harmony of their sounds
Reminds her of the absent one!

Copyright © 2001 by HAL LEONARD CORPORATION
International Copyright Secured   All Rights Reserved

152

sent.

Quand la lune est aux cieux,

bai - gnant de sa lu - miè - re Les grands

bois et l'a - zure;

Quand des clo - ches du soir qui tin - tent la pri -

è - re Vi - bre l'é - cho si pur,_____

_____ l'é - cho si pur,_____

Di - tes - moi si son âme, un ins - tant re - cueil -

O ma belle rebelle

Jean-Antoine de Baïf
(1532-1589)

Charles Gounod
(1818-1893)

Composed 1855. Published by Choudens as no. 5 in *Vingt mélodies chant et piano par Charles Gounod* (1867). Jean-Antoine de Baïf was a member of the Pléiade, a group of seven poets led by Pierre Ronsard who exalted and imitated the forms of classical antiquity as well as writing about the joys and tragedies of life in the 16th century. Baïf's poetry is especially notable for its innovative metrical schemes. He was especially interested in unrhymed lines and the possibilities for setting such verse to music. In 1570, with composer Thibaud de Courville, he founded *L'Académie de Poésie et de Musique*. The subject of this poem is Louise Labé, the most prolific French poetess of the 16th century. She was born in Lyon around 1520 to a newly rich rope-maker's family and received an extensive liberal education. One of the many names by which she was called was "la Sappho lyonnaise." Her marriage to a wealthy rope-maker thirty years her senior caused many to refer to her as "La Belle Cordière." Her May-December marriage seems to have given her almost total freedom to socialize with men of letters and hold literary salons. Little is known about her admirers or her private life. One of her supposed lovers was the poet Clément Marot. Labé appears in Marot's collection of poems titled *L'Adolescence Clémentine* (1532), where she is referred to as "La belle rebelle."

O ma belle rebelle!
Las! que tu m'es cruelle!
Ou quand d'un doux souris,
Larron de mes esprits,*
Ou quand d'une parole
Mignardètement molle,
Ou quand d'un regard d'yeux
Fièrement* gracieux,
Ou quand d'un petit geste,
Tout divin, tout céleste*
En amoureuse ardeur
Tu plonges tout mon cœur!

O my beautiful rebel!
Alas! how cruel you are to me
When with a sweet smile
That steals my spirit
Or with a word
Delicately soft,
Or with a glance from those eyes
Proudly graceful,
Or with the smallest gesture
Quite divine, quite celestial
You plunge all my heart
Into ardent love!

O ma belle rebelle!
Las! que tu m'es cruelle!
Quand la cuisante ardeur
Qui me brûle* le cœur
Fait que je te demande
À sa brûlure* grande
Un rafraîchissement*
D'un baiser seulement.
O ma belle rebelle!
Las! que tu m'es cruelle!
Quand d'un petit baiser
Tu ne veux m'apaiser.

O my beautiful rebel!
Alas! how cruel you are to me!
When the fiery passion
That consumes my heart
Requires me to ask of you
To cool the flames that burn me
The refreshment
Of a single kiss.
O my beautiful rebel!
Alas! how cruel you are to me!
When with one little kiss
You will not appease me.

Me puissé-je un jour, dure!
Venger* de ton injure,
Mon petit maître* Amour
Te puisse outrer un jour,
Et pour moi* langoureuse
Il te fasse* amoureuse,
Comme il m'a langoureux
Pour toi* fait amoureux.
Alors par ma vengeance
Tu auras connaissance*
Quel mal fait, du baiser
Un amant refuser.

Could I one day, heartless one!
Avenge your insult
My young master, Cupid
Would wound your heart some day
And for me have you languish,
To cause you to love me
As he made me languish
And to love you.
Thus through my vengeance
You will know
How harmful it is
To refuse a lover a kiss.

*These words have been changed to modern French spelling for this edition.

Andantino quasi Allegretto

O ma bel - le re - bel - le! Las!

que tu m'es cru - el - le! Ou quand d'un doux sou -

ris, Lar - ron de mes es - prits, Ou quand

Copyright © 2001 by HAL LEONARD CORPORATION
International Copyright Secured   All Rights Reserved

O ma bel - le re - bel - le! Las! que tu m'es cru-

el - le! Quand la cui - sante ar - deur Qui me brû - le le

cœur Fait que je te de - man - de À sa brû - lu - re

cresc.

gran - de Un ra - fraî - chis - se - ment D'un bai - ser seu - le -

cresc. *dim.*

trer un jour, Et pour moi lan - gou -

reuse Il te fasse a - mou - reu - se, Comme

cresc.

il m'a lan - gou - reux Pour toi fait a - mou -

reux. _____ A - lors par ma ven - gean -

Venise

Alfred de Musset
(1810-1857)

Charles Gounod
(1818-1893)

Composed 1842. Published by Choudens, 1867 (no. 9 in *Vingt mélodies chant et piano par Charles Gounod*). In 1855 Gounod arranged the song for four-hand accompaniment. Most of Gounod's songs were published in six volumes of twenty songs each, four collections by Choudens and two by Lemoine. Gounod, often referred to as the "father of the mélodie," composed over 200 songs, notable for their lyricism, elegant sense of proportion, and impeccable craftsmanship—characteristics that would influence Fauré. "Venise" is generally considered one of Gounod's finest mélodies. Alfred de Musset's lyrical verse pays homage to the Venice of Monteverdi. Gounod's musical reflection is a barcarole with a bravura piano introduction that also dances between strophes. It is an evocative illustration of "La Serenissima" at night, extolling the city's sensuous beauties and hidden delights. Musset's original poem had seventeen stanzas, of which Gounod set nos. 1, 5, 9, 10, and 15. The poet also provided Gounod with four extra stanzas (in the song, stanzas 5, 6, 8, and 9). In the version of the poem set by Gounod, the last strophe references the Austrian occupation of Venice after the Napoleonic wars. Musset rewrote the poem after 1866, updating the political situation.

Venise

Dans Venise la rouge,
Pas un bateau qui bouge,
Pas un pêcheur dans l'eau,
    Pas un falot!

La lune qui s'efface
Couvre son front qui passe
D'un nuage étoilé
    Demi-voilé!

Tout se tait, fors les gardes
Aux longues hallebardes,
Qui veillent aux créneaux
    Des arsenaux.

—Ah! maintenant plus d'une
Attend, au clair de lune,
Quelque jeune muguet,
    L'oreille au guet.

Sous la brise amoureuse
La Vanina rêveuse
Dans son berceau flottant
    Passe en chantant;

Tandis que pour la fête
Narcissa qui s'apprête,
Met, devant son miroir,
    Le masque noir.

Laissons la vieille horloge,
Au palais du vieux doge,
Lui compter de ses nuits
    Les longs ennuis.

Sur sa mer nonchalante,
Venise l'indolente
Ne compte ni ses jours
    Ni ses amours.

Car Venise est si belle
Qu'une chaîne, sur elle
Semble un collier jeté
    Sur la beauté.

Venice

In Venice, the red
Not a boat is moving
Not a fisherman on the water
    Not a lantern!

The waning moon
Covers her moving face
With a starry cloud
    Half-veiled!

All is silent, save for the guards
With their long halberds
Who keep watch over the battlements
    Of the arsenals.

—Ah! now more than one maid
Waits, in the moonlight,
For some young gallant,
    Straining her ears.

Beneath the amorous breeze
Dreamy Vanina
In her floating cradle
    Glides by, singing;

Meanwhile for the carnival
Narcissa prepares herself,
Putting on, in front of her mirror,
    The black mask.

Let us leave the old clock,
At the venerable Doge's palace,
To count for him the boredom
    Of his long nights.

On her carefree sea,
Indolent Venice
Counts neither her days
    Nor her loves.

For Venice is so beautiful
That a chain thrown round her
Resembles a necklace
    Adorning her beauty.

168

1. Dans Ve - ni - se la rou - ge, Pas un ba - teau qui bou - ge, Pas
2. Ah! main - te-nant plus d'u - ne At - tend, au clair de lu - ne, Quel - que
3. Lais - sons _ la vieille hor - loge, Au pa - lais du vieux do - ge, Lui com -

Copyright © 2001 by HAL LEONARD CORPORATION
International Copyright Secured   All Rights Reserved

un pê - cheur _ dans l'eau, Pas un fa - lot! _____
jeu - ne _ mu - guet, L'o - reille au guet. _____
pter de _ ses nuits Les longs en - nuis. _____

La lu - ne qui s'ef -
Sous la bri - se a - mou -
Sur sa mer non - cha -

_p_ _pp_

fa - ce Cou - vre son front qui pas - se D'un nu - age é - toi -
reu - se La Va - ni - na rê - veu - se, La Va - ni - na rê -
lan - te, Ve - ni - se l'in - do - len - te, Ve - ni - se l'in - do -

lé, D'un nu - age é - toi - lé De - mi____ voi -
veu - se Dans son ber -ceau flot -tant Passe____ en____ chan -
len - te Ne com -pte ni ses jours Ni____ ses____ a -

lé!____
tant;____
mours.____ Tan -

Tout____ se tait, fors les gar - des Aux
dis____ que pour____ la fê - te Na r -
Car____ Ve - nise est si bel - le Qu'u - ne

lon - gues hal - le - bar - des, Qui veil - lent aux cré - mi
cis - sa qui s'ap - prê - te, Met, de - vant son mi
chaî - ne, sur el - le Sem - ble un col - lier je -

cresc.   *dim.*   ***p***

neaux _____ Des _____ ar - se -
roir, _____ Le mas - que
té _____ Sur la _____ beau -

pp

naux. _____
noir. _____
té. _____

ppp

morendo

ppp

Nocturne

Louis de Fourcaud
(1851-1914)

César Franck
(1822-1890)

Composed 1884, Opus 85. 1884 (1885). Published by Enoch, 1900. Later orchestrated by J. Guy-Ropartz, a Franck disciple. César Franck's charismatic personality and talent for teaching established a legendary legacy. The devotion of his pupils—among them, Henri Duparc, Vincent d'Indy and Ernest Chausson—led to a founding of a school of composers. He composed only sixteen songs, but "Nocturne" is one of the finest. The poetic theme must have appealed to his sense of nobility and his interest in mysticism. Its broad-lined melody is somewhat reminiscent of the solemnity of some of Franck's organ works.

Nocturne

Ô fraîche nuit, nuit transparente,
Mystère sans obscurité,
La vie est noire et dévorante;
Ô fraîche nuit, nuit transparente,
Donne-moi ta placidité.

Ô belle nuit, nuit étoilée,
Vers moi tes regards sont baissés,
Éclaire mon âme troublée;
Ô belle nuit, nuit étoilée,
Mets ton sourire en mes pensers.

Ô sainte nuit, nuit taciturne,
Pleine de paix et de douceur,
Mon cœur bouillonne comme une urne;
Ô sainte nuit, nuit taciturne,
Fais le silence dans mon cœur.

Ô grande nuit, nuit solennelle,
En qui tout est délicieux,
Prends mon être entier sous ton aile;
Ô grande nuit, nuit solennelle,
Verse le sommeil en mes yeux.

Nocturne

O cool night, transparent night,
Mystery without obscurity,
Life is black and devouring;
O cool night, transparent night
Grant me your tranquility.

O lovely night, starry night
As you look down on me,
Bring light to my troubled soul,
O lovely night, starry night,
Let your smile enter my thoughts.

O holy night, silent night,
Full of peace and gentleness,
My heart seethes like a cauldron;
O holy night, silent night,
Bring silence to my heart.

O boundless night, solemn night,
In which all things give delight,
Take my whole being under your wing;
O boundless night, solemn night,
Pour sleep into my eyes.

Copyright © 2001 by HAL LEONARD CORPORATION
International Copyright Secured   All Rights Reserved

cresc.

té, La vie est noire et dé - vo-ran - te;

cresc.

dim.

Ô fraî - che nuit, nuit tran - spa-ren - te,

dim.

Don - ne-moi ta pla - ci - di - té.

Ô bel - le nuit,

176

Offrande

Paul Verlaine
(1844-1896)

Reynaldo Hahn
(1875-1947)

Composed 1891. No. 8 in the first volume of 20 mélodies (*Premier volume de vingt mélodies*). Published 1895, Heugel. The composer's enigmatic dedication is "to ***." Hahn's mélodie is quite different from the settings of this poem by Fauré (*Cinq mélodies de Venise*) and Debussy (*Ariettes oubliées*). Both Debussy and Fauré's mélodies are more complex —breathless, ardent settings, richly textured. Hahn's "Offrande" is a subdued plea—quiet and intimate—with a simple transparent accompaniment. Verlaine's poem is called "Green;" the composer chose "Offrande" as the title of his setting. Although Hahn was only sixteen when he composed it, "Offrande" is considered to be one of his finest mélodies.

Offrande

Voici des fruits, des fleurs, des feuilles et des branches
Et puis voici mon coeur qui ne bat que pour vous.
Ne le déchirez pas avec vos deux mains blanches
Et qu'à vos yeux si beaux l'humble présent soit doux.

J'arrive tout couvert encore de rosée
Que le vent du matin vient glacer à mon front.
Souffrez que ma fatigue, à vos pieds reposée,
Rêve des chers instants qui la délasseront.

Sur votre jeune sein laissez rouler ma tête
Toute sonore encore de vos derniers baisers;
Laissez-la s'apaiser de la bonne tempête
Et que je dorme un peu puisque vous reposez.

Offering

Here are fruits, flowers, leaves and branches
And here too is my heart that beats only for you.
Do not tear it with your two white hands
And may this humble gift be sweet to your lovely eyes.

I arrive covered with the dew
That the morning wind iced on my brow.
Let my fatigue, resting here at your feet,
Dream of the lovely moments that will refresh it.

On your young breast let me rest my head
Still ringing with your last kisses,
Let it be stilled after the sweet tempest
And let me sleep a little, while you rest.

Copyright © 2001 by HAL LEONARD CORPORATION
International Copyright Secured   All Rights Reserved

sez rou - ler ma tê - te Tou - te so - no-re en - core de

vos der - niers bai - sers, Lais - sez - la s'a - pai - ser de la

bon - ne tem - pê - te Et que je dorme un peu

puis - que vous re - po - sez.

Si mes vers avaient des ailes

Victor Hugo
(1802-1885)

Reynaldo Hahn
(1875-1947)

Composed 1888, at age 13. . No. 2 in the first volume of *20 mélodies* (*Premier volume de vingt mélodies*). Published 1895, Heugel. Dedicated to the composer's sister, Maria Hahn. Reynaldo Hahn was Venezuelan by birth, but came to Paris with his family at age four and made a brilliant career in France. He composed this mélodie, perhaps the most familiar of his songs, at age thirteen. Its fresh charm was clearly influenced by his teacher Jules Massenet. Hahn was a major figure in the cultural life of Paris during the *belle époque*. His mélodies capture the atmosphere of the Parisian salons where Hahn held forth, playing and singing his songs, frequently with a cigarette dangling from his lips. The art of singing was one of his major passions and preoccupations. Recent releases of historic Hahn recordings confirm his voice was small and somewhat bland, but his artistry in shaping musical material is rewarding to hear. He wrote three books on singing (*Du chant, Thèmes variés, L'oreille au guet*), as well as a memoir of Sarah Bernhardt. After 1912, Hahn composed in larger forms: opera, operetta, film music. His operetta *Ciboulette* (1923), perhaps his most famous work, is still performed and recorded.

Si mes vers avaient des ailes	*If my verses had wings*
Mes vers fuiraient, doux et frêles,	*My verses would fly, fragile and gentle,*
Vers votre jardin si beau,	*To your beautiful garden,*
Si mes vers avaient des ailes	*If my verses had wings*
Comme l'oiseau.	*Like a bird!*
Ils voleraient, étincelles,	*They would fly like sparks*
Vers votre foyer qui rit,	*To your cheery hearth,*
Si mes vers avaient des ailes	*If my verses had wings*
Comme l'esprit.	*Like my spirit.*
Près de vous, purs et fidèles,	*Pure and faithful, to your side*
Ils accourraient nuit et jour,	*They would hasten night and day*
Si mes vers avaient des ailes	*If my verses had wings*
Comme l'amour.	*Like love.*

Copyright © 2001 by HAL LEONARD CORPORATION
International Copyright Secured   All Rights Reserved

frê - les, _____ Vers vo - tre jar - din si

beau, _____ Si mes vers a -

vaient des ai - les Com - me l'oi -

seau. _____ Ils vo - le - raient, é - tin -

Plus lent et en ralentissant jusqu'à la fin

Près de vous, purs et fi-dè - les, _____

Ils ac - cou-raient nuit et jour, _____

Si mes vers a - vaient des ai - les, Si mes vers a-vaient des

ai - les Com - me l'a - mour. _____

À Chloris

Théophile de Viau
(1590-1626)

Reynaldo Hahn
(1875-1947)

Composed 1916. Publisher: Heugel et Cie, 1921, No. 14 in *Deuxième volume de vingt mélodies*, the last major publication of Hahn's songs during his lifetime. In many of his later mélodies Hahn turned to a deliberately "archaic" style; "À Chloris" features Baroque musical characteristics. Like Fauré's setting of "Clair de lune," the accompaniment is a piano piece with its own ornamented melody and chaconne-like bass. The vocal line is subtly woven into the musical tapestry, creating a mood that is both declarative and intimate. Théophile de Viau was one of the most influential *libertin* poets of Louis XIII's reign. The *libertins'* verses had a particular charm that is immediately appealing but somewhat *précieux*. Despite its artificiality, de Viau's love poetry is not insipid, but full of evocative passion combined with elegant wit. De Viau died at the age of 36, after being denounced and imprisoned on morals charges for his bisexuality, and for writing licentious poetry. One of de Viau's well-known works for the theatre is *Pyrame et Thisbé* with a "plot within a plot" similar to the theme of Shakespeare's *A Midsummer Night's Dream*.

À Chloris

S'il est vrai, Chloris, que tu m'aimes,
Mais j'entends que tu m'aimes bien,
Je ne crois pas que les rois mêmes
Aient un bonheur pareil au mien.
Que la mort serait importune
À venir changer ma fortune
Pour la félicité des cieux!
Tout ce qu'on dit de l'ambroisie
Ne touche point ma fantaisie
Au prix des grâces de tes yeux.

To Chloris

If it is true, Chloris, that you love me,
And I have heard that you love me well,
I do not believe that kings themselves
Can match such happiness as mine.
Even death would be powerless
To come and change my fortune
For all the joys of heaven!
All that is said of ambrosia
Does not touch my imagination
Like the grace of your eyes!

Copyright © 2001 by HAL LEONARD CORPORATION
International Copyright Secured   All Rights Reserved

p tendrement

S'il est vrai, Chlo - ris, _____ que tu m'aimes, _

Mais j'en - tends que tu m'ai - mes

bien, Je ne crois pas que les rois

nir chan - ger ma for - tu - ne Pour la fé -

li - ci - té des cieux! _____

p

Tout ce qu'on dit _____ de l'am - broi -

dim.

si - e Ne tou - che point ma fan - tai -

si - e Au prix des grâ - ces de tes yeux, _____ Tout ce qu'on

doucement

cresc.

avec expression

dit _____ de l'am-broi-si - e Ne tou-che point ma fan-tai-si - e Au prix des grâ -

suivez

dim.

Tempo I

- ces de tes yeux! _____

dim.

pp

crescendo

expressif

Madrigal

Robert de Bonnières
(1850-1905)

Vincent d'Indy
(1851-1931)

Composed 1872, Opus 4. Vincent d'Indy was born into a wealthy family of the nobility. A pupil of César Franck, d'Indy composed piano, chamber and orchestral works, operas, and songs. In 1894, he helped found the Schola Cantorum to perpetuate the musical tenets of Franck. He became its director in 1900. In 1912 he accepted the post of professor of orchestration at the Paris Conservatoire while still head of the Schola. He also taught conducting at the Conservatoire from 1914 to 1920. As a teacher he influenced two generations of French composers. Robert de Bonnières, French poet and man of letters, was a lifelong friend and collaborator of d'Indy, for whom he provided song texts and opera libretti. Bonniéres also collaborated with composer Henri Duparc, who set his poem "Le Manoir de Rosemonde." Never really comfortable with miniature forms, d'Indy wrote very few mélodies. "Madrigal," his second song for voice and piano, is a delicate setting in variation form. De Bonnière's rather static poem lends itself to d'Indy's simple but charming evocation of Renaissance music.

Madrigal

Qui jamais fut de plus charmant visage,
De col plus blanc, de cheveux plus soyeux;
Qui jamais fut de plus gentil corsage,
Qui jamais fut que ma Dame aux doux yeux!

Qui jamais eut lèvres plus souriantes,
Qui souriant rendit cœur plus joyeux,
Plus chaste sein sous guimpes transparentes,
Qui jamais eut que ma Dame aux doux yeux!

Qui jamais eut voix d'un plus doux entendre,
Mignonnes dents qui bouche emperlent mieux;
Qui jamais fut de regarder si tendre,
Qui jamais fut que ma Dame aux doux yeux!

Madrigal

Who ever had a more charming face
A whiter neck, more silken hair,
Who ever had a lovelier figure
Who but my lady of the lovely eyes!

Who ever had more laughing lips
Whose smile made the heart more joyous
Had a more chaste bosom beneath filmy bodice
Who but my lady of the lovely eyes!

Who ever had a voice sweeter to hear
Or whiter teeth shining like pearls;
Who ever had a look more tender,
Who but my lady of the lovely eyes!

Modéré

Copyright © 2001 by HAL LEONARD CORPORATION
International Copyright Secured   All Rights Reserved

sa - ge, De col plus blanc, de che - veux plus soy - eux; ___

Qui ja - mais fut de plus gen - til cor - sa - ge, Qui ja - mais

fut que ma Dame aux doux yeux!

Qui ja - mais eut lè - vres plus sou - ri - an - tes,

Qui sou - ri - ant ren - dit cœur plus jo - yeux, _____

Plus chas - te sein sous guim-pes trans-pa - ren - tes, Qui ja - mais

eut que ma Dame aux doux yeux!

Plus lentement

Qui ja - mais eut voix

pp

pp

d'un plus doux en - ten - dre, Mi - gnon - nes

dents qui bouche em - per - lent mieux; _____

plus f

Qui ja - mais fut de re - gar - der si

ten - dre, Qui ja - mais fut que ma

Dame aux doux yeux, ma Dame aux doux yeux!

Si tu le veux

Maurice de Marsan

Charles Koechlin
(1867-1950)

Composed 1894, Op. 5, no. 5. Charles Koechlin, a student of Gabriel Fauré (see Fauré) at the Conservatoire, was an enigmatic musical figure. His compositional style was eclectic and often eccentric. In some respects, Koechlin shared similarities with Charles Ives in his musical experimentation and his admiration for the transcendental philosophies of Emerson and Thoreau. Koechlin's songs have vocal lines that approximate speech patterns, lacking the glamour of arching melodic phrases. He was inventive in choosing texts; however, many verses he chose to set as songs were long and complex. Late in life, his adoration for Lillian Harvey, a film actress of the 1930s, produced 113 piano pieces and a song cycle. One song, "Keep that school girl complexion," is based on a Palmolive soap ad Koechlin saw during a trip to the United States. Koechlin is better remembered and respected as a writer, theorist, orchestrator and teacher; students included Francis Poulenc, Germaine Tailleferre, and the École d'Arcueil, a group of four composers organized by Satie as successors to Les Six.

Si tu le veux	If you wish
Si tu le veux, ô mon amour,	If you wish, o my love
Ce soir dès que la fin du jour	This evening, as soon as day
Sera venue,	Has ended,
Quand les étoiles surgiront,	When the stars come out
Et mettront des clous d'or au fond	And shine like golden nails
Bleu de la nue,	In the door of the blue sky
Nous partirons seuls tous les deux	We two shall go alone,
Dans la nuit brune en amoureux,	As lovers into the dark night
Sans qu'on nous voie,	Unseen by anyone,
Et tendrement je te dirai	And tenderly I shall sing
Un chant d'amour où je mettrai	A song of love into which I'll pour
Toute ma joie.	All my joy.
Mais quand tu rentreras chez toi,	But when you return home,
Si l'on te demande pourquoi,	If anyone asks you why,
Mignonne fée,	Sweet enchantress,
Tes cheveux sont plus fous qu'avant,	Your hair is more tousled than it was,
Tu répondras que seul le vent	You need only answer that the wind
T'a décoiffée,	Has blown it about

Copyright © 2001 by HAL LEONARD CORPORATION
International Copyright Secured   All Rights Reserved

veux, ô mon a - mour, Ce soir dès que la fin du

jour Se - ra ve - nu - e,

p dolce

court *a tempo*

Quand les é - toi - les sur - gi - ront, Et met - tront

a tempo

pp

suivèz

des clous d'or au fond Bleu de la nu -

- e, Nous par - ti-rons seuls tous les deux

Dans la nuit bru - ne en a - mou - reux, Sans qu'on nous voi -

- - e, Et ten - dre - ment __ je te di - rai

Un chant d'a - mour _____ où je met - trai _____

Nuit d'Espagne

Louis Gallet
(1835-1898)

Jules Massenet
(1842-1912)

Composed 1872. Massenet based this song on the *Air de ballet* from his orchestral suite *Scènes pittoresques*. Its energetic rhythmic accompaniment, describing a sultry evening, is derived from Spanish dance figures woven into a colorful texture that almost upstages the voice. Louis Gallet originally titled his poem "L'heure d'amour." Massenet's "Elégie" is another setting of a Gallet poem.

Nuit d'Espagne

L'air est embaumé,
La nuit est sereine
Et mon âme est pleine
De pensers joyeux;
Viens! ô bien aimée!
Voici l'instant de l'amour!

Dans les bois profonds,
Où les fleurs s'endorment,
Où chantent les sources,
Vite enfuyons nous!
Vois, la lune est claire
Et nous sourit dans le ciel.

Les yeux indiscrets
Ne sont plus à craindre.
Viens! ô bien aimée!
La nuit protège ton front rougissant!
La nuit est sereine,
Apaise mon cœur!
Viens! ô bien aimée!
C'est l'heure d'amour!

Dans le sombre azur,
Les blondes étoiles
Écartent leurs voiles
Pour te voir passer,
Viens! ô bien aimée!
Voici l'instant de l'amour!

J'ai vu s'entr'ouvrir
Ton rideau de gaze.
Tu m'entends, cruelle,
Et tu ne viens pas!
Vois, la route est sombre
Sous les rameaux enlacés!

Cueille en leur splendeur
Tes jeunes années,
Viens! car l'heure est brève,
Un jour effeuille les fleurs du printemps!
La nuit est sereine, apaise mon cœur!
Viens! ô bien aimée!

Spanish Night

The air is balmy,
The night is serene
And my soul is full
Of joyous thoughts;
Come! my beloved!
This is the moment of love!

Into the deep woods,
Where the flowers sleep,
Where the springs are singing,
Let us go quickly!
Look, the moon is bright,
And smiling in the sky.

Prying eyes
Are no longer to be feared.
Come! my beloved!
The night covers your blushing face!
The night is serene,
Calm my heart!
Come! my beloved!
It is the hour of love!

In the dark blue sky
The pale stars
Cast off their veils
To see you pass by,
Come! my beloved!
This is the moment of love!

I saw, half open
Your gauzy curtain
You hear me, cruel one,
And you do not come!
Look, the path is dark
Under the intertwined branches!

Gather in their splendor
Your youthful years,
Come! Time is short,
In one day the leaves of spring are shed
The night is serene, calm my heart!
Come! o my beloved!

202

Allegretto quasi Andantino

Copyright © 2001 by HAL LEONARD CORPORATION
International Copyright Secured   All Rights Reserved

Viens! ô bien ai - mé - e! Voi - ci l'ins - tant ___ de l'a -

mour! ___

Dans les bois pro - fonds, Où les fleurs s'en - dor - ment,

Où chan - tent les sour - ces, Vite en - fu - yons nous, en - fu - yons

Viens! ô bien ai - mé - e! Voi - ci l'ins - tant _ de l'a - mour! _____

J'ai vu s'en - tr'ou -

vrir _ Ton ri - deau de ga - ze. Tu m'en - tends, cru -

elle, Et tu ne viens pas, tu ne viens pas! Vois, la route est

Si tu veux, Mignonne

Abbé Claude Georges Boyer
(1618-1698)

Jules Massenet
(1842-1912)

Composed 1876. Although Massenet is more remembered for his prodigious output of operas rather than for his mélodies, he composed over 250 songs. His songs cover a wide range of subjects and emotions; they are dramatically conceived and often have an operatic vocal quality. Many are dedicated to famous singers of the time. Massenet has been called Gounod's true successor in the development of the mélodie. Like Gounod, Massenet perfected the salon style in his song, and passed this on to his pupil, Reynaldo Hahn (see Hahn).

Si tu veux, Mignonne

If you wish, Mignonne

Si tu veux, Mignonne, au printemps
Nous verrons fleurir l'aubépine,
Qui sème dans les prés naissants
La neige de sa tête fine,
Si tu veux, Mignonne, au printemps
Nous verrons fleurir l'aubépine!

If you wish, Mignonne, in the spring
We will see the hawthorn flower,
Scattering in the fresh meadows
The snow from its delicate head,
If you like, Mignonne, in the spring
We will see the hawthorn flower!

Si tu veux, quand viendra l'été,
Nous écouterons dans les branches
Les chants d'amour et de gaîté
Des petites colombes blanches,
Si tu veux, quand viendra l'été,
Nous écouterons dans les branches!

If you like, when the summer comes
We will listen amidst the branches
To the joyous love songs
Of the little white doves,
If you like, when the summer comes,
We will listen amidst the branches!

Nous irons dans les bois jaunis,
Si tu veux, quand viendra l'automne,
Pour qu'elles aient chaud dans leurs nids
Leur porter des brins d'anémone,
Si tu veux, Mignonne,
Nous irons dans les bois jaunis,
Quand viendra l'automne…

We will walk in the yellowed woods,
If you want, when autumn comes,
So the birds will be warm in their nests
We will take them sprigs of anemones
If you wish, Mignonne,
We will walk in the yellowed woods,
When autumn comes…

Et puis, quand reviendra l'hiver…
Nous nous ressouviendrons des roses,
Du printemps, et du sentier vert
Où tu m'as juré tant de choses!
Alors…quand reviendra l'hiver…
Nous nous ressouviendrons des roses!
Si tu veux, Mignonne!

And then, when winter comes again
We will recall again the roses
Of spring, and the green path
Where you promised so many things to me!
When winter comes again…
We will recall again the roses!
If you wish, Mignonne!

Très animé et soutenu

Copyright © 2001 by HAL LEONARD CORPORATION
International Copyright Secured   All Rights Reserved

veux, quand vien-dra l'é - té, Nous é - cou - te - rons dans les

bran - - ches! Nous i - rons dans les

più **f**

bois jau - nis, Si tu veux, quand vien-dra l'au - tom - ne,

Pour qu'el - les aient chaud dans leurs nids Leur por - ter des

Oh! quand je dors

Victor Hugo
(1802-1885)

Franz Liszt
(1811-1886)

Composed 1842 (version 1), 1859 (version 2). Version 1 published 1844; version 2, 1860. In 1847, the composer created a piano transcription of this song, which is unpublished. Liszt set this poem twice; the first version (1842) featured an overly virtuoso piano accompaniment. For the second version, Liszt reduced the complex accompaniment texture to a simpler arpeggiation, highlighting the fluidity of the piano and vocal phrases and emphasizing the intimacy of Hugo's verse. The 1859 version, published here, is the far more often performed version. Liszt composed more than 80 songs, plus more than 20 extra versions and new settings. "Oh! quand je dors" is one of his best-known songs, and is considered the masterpiece among his fourteen French mélodies. He captures the passionate imagery of Hugo's verse in a rhapsodic setting that seems to be spontaneously improvised. In general, Liszt's musical settings of French texts show more affinity with the German Lied than the French mélodie.

Oh! quand je dors

Oh! while I sleep

Oh! quand je dors, viens auprès de ma couche,
Comme à Pétrarque apparaissait Laura,
Et qu'en passant ton haleine me touche…—
　　Soudain ma bouche
　　S'entr'ouvrira!

Oh! while I sleep, come to my bedside
Just as Laura appeared to Petrarch
And in passing, let your breath touch me…
　　Suddenly my lips
　　Will part!

Sur mon front morne où peut-être s'achève
Un songe noir qui trop longtemps dura,
Que ton regard comme un astre s'élève…—
　　Soudain mon rêve
　　Rayonnera!

On my troubled brow, where a dark dream
That lasted too long is perhaps ending
Let your gaze fall like a star. . .
　　Suddenly my dream
　　Will become radiant!

Puis sur ma lèvre où voltige une flamme,
Éclair d'amour que Dieu même épura,
Pose un baiser, et d'ange deviens femme…—
　　Soudain mon âme
　　S'éveillera!

Then on my lips, where a flame flickers
A flash of love which God made pure,
Place a kiss, and from angel become woman…
　　Suddenly my soul
　　Will awaken!

Oh viens! comme à Pétrarque apparaissait Laura!

Oh come! just as Laura appeared to Petrarch!

Copyright © 2001 by HAL LEONARD CORPORATION
International Copyright Secured   All Rights Reserved

S'en - tr'ou - vri - ra!

Sur mon front morne où peut - ê - tre s'a - chè -

ve Un son - ge noir qui trop long - temps du - ra,

219

ra, _____ s'é - veil - le - ra!

una corda

p

Oh

ritenuto
dolciss.   *morendo*

viens!   comme à Pé-trarque   ap - pa-rais-sait Lau - ra! _____

pp *ritenuto*

ppp

ppp

Plaisir d'amour

Jean-Pierre Claris de Florian
(1755-1794)

Johann-Paul Martini
(1741-1816)

This *romance* was composed in 1784 in Nancy, and published the following year as a supplement to the novella *Célestine*. Martini was a German composer who moved to France in 1760 and spent most of his career there. He eventually became well-known for writing opera. He is cited as the first composer in France to compose songs with piano accompaniment rather than continuo. He is most remembered for "Plaisir d'amour," a classic *romance* that remains a famous prototype of the style. The *romance* evolved from earlier French poetic-vocal forms, notably those of the troubadours. Eighteenth-century *romances* were strophic in form, with simple melodic lines that were sung without affectation. Accompaniments were subordinate to the vocal line and there was little or no musical interaction between voice and piano. "Plaisir d'amour" is notable for its rondo form and more involved accompaniment, which features a prelude, interlude, and postlude.

Plaisir d'amour	*The pleasures of love*
Plaisir d'amour ne dure qu'un moment,	*The pleasures of love last but a moment*
Chagrin d'amour dure toute la vie.	*The sorrows of love last all life through.*
J'ai tout quitté pour l'ingrate Sylvie,	*I have given up everything for the ungrateful Sylvia,*
Elle me quitte et prend un autre amant.	*She left me and took another lover.*
Plaisir d'amour ne dure qu'un moment,	*The pleasures of love last but a moment,*
Chagrin d'amour dure toute la vie.	*The sorrows of love last all life through.*
Tant que cette eau coulera doucement	*As long as this water runs gently*
Vers ce ruisseau qui borde la prairie,	*Towards the brook that borders the meadow,*
Je t'aimerai, me répétait Sylvie.	*I shall love you, Sylvia told me.*
L'eau coule encor, elle a changé pourtant.	*The stream still flows, but she has changed.*
Plaisir d'amour ne dure qu'un moment,	*The pleasures of love last but a moment,*
Chagrin d'amour dure toute la vie.	*The sorrows of love last all life through.*

Allegretto grazioso

Copyright © 2001 by HAL LEONARD CORPORATION
International Copyright Secured   All Rights Reserved

Plai - sir d'a - mour _____ ne du - re qu'un ___ mo - ment, _____ Cha - grin d'a - mour du - re tou - te la vi - e. J'ai tout quit - té pour l'in - gra - te Syl -

mour du - re tou - te la vi - e. _____

Tant que cette eau cou - le -

ra dou - ce - ment Vers

ce ruis - seau qui bor - de la ___ prai - ri - e,

Je t'ai - me -

rai, me ré - pé - tait Syl -

vi - e. L'eau coule en -

cor, elle a chan - gé pour - tant. Plai -

rit.

p

a tempo

Dans un bois solitaire

Antoine Houdar de la Motte

Wolfgang Amadeus Mozart
(1756-1791)

Ariette, K. 308, composed 1778 in Mannheim. This is one of two *ariettes* that Mozart composed to French text; the other is "Oiseaux, si tous les ans," K. 307. Both are deliberate imitations of the French *chanson*. Mozart called them "Freundstücke" (offerings to friends). Enroute to Paris in 1778, Mozart stopped for a prolonged visit in the home of Johann Baptist Wendling, the great Mannheim flautist. Mozart composed the two songs as "house gifts" for the Wendlings' daughter Augusta ("Gustl"), who chose the texts. In a letter to his father, Mozart related that Miss Wendling performed them "incomparably well." Mozart attached little significance to the songs, intending them as material for an evening's entertainment; however, his unerring sense of drama created little masterpieces. "Dans un bois solitaire" is a through-composed miniature drama. The dramatic content of this poetry appealed to Mozart, who used a fluid mixture of aria and arioso in his setting. Distinguished Mozart biographer Alfred Einstein called this song "Watteau in music" and rightly so; its style is full of French elegance and charm.

Dans un bois solitaire	*In a lonely wood*
Dans un bois solitaire et sombre	*In a dark and lonely wood*
Je me promenais l'autr'jour,	*I walked the other day,*
Un enfant y dormait à l'ombre;	*A child was sleeping in the shadows;*
C'était le redoutable Amour.	*It was the formidable Cupid himself.*
J'approche, sa beauté me flatte,	*I approached, his beauty charmed me,*
Mais je devais m'en défier;	*But I should have resisted;*
Il avait les traits d'une ingrate,	*He had all the features of a faithless one*
Que j'avais juré d'oublier.	*Whom I had sworn to forget.*
Il avait la bouche vermeille,	*He had the same crimson mouth,*
Le teint aussi frais que le sien,	*The same fresh complexion as hers,*
Un soupir m'échappe, il s'éveille;	*A sigh escaped me, he awoke;*
L'Amour se réveille de rien.	*Cupid wakes at anything.*
Aussitôt deployant ses ailes et saisissant	*Spreading his wings at once and seizing*
Son arc vengeur,	*His vengeful bow,*
L'une de ses flêches, cruelles en partant,	*He shoots one of his cruel arrows,*
Il me blesse au cœur.	*And he wounds me to the heart.*
Va! va, dit-il, aux pieds de Sylvie,	*"Go," he said, "to Sylvie's feet,*
De nouveau languir et brûler!	*To languish and burn again!*
Tu l'aimeras toute ta vie,	*You shall love her all your life*
Pour avoir osé m'éveiller.	*For having dared to wake me."*

Dans un bois so-li-tai-re et som-bre

Copyright © 2001 by HAL LEONARD CORPORATION
International Copyright Secured   All Rights Reserved

Je _____ me pro - me - nais _____ l'autr' jour,

Un en - fant y dor-mait à l'om - bre;

C'é - tait le re-dou - ta - ble _ A - mour,

c'é - tait le re-dou - ta - ble A - mour.

J'ap - pro - che, sa beau - té _ me flat - te, Mais je de - vais _ m'en dé - fier, _ mais je de - vais _ m'en dé - fier; _ Il a - vait _ les traits _ d'une in - gra - te, Que j'a - vais _ ju - ré _ d'ou - bli - er, _ que j'a -

vais ___ ju - ré ___ d'ou - bli - er. Il a -

vait la _ bou - che ver - meil - le, Le teint. aus - si frais _ que le

sien, Un sou - pir ___ m'é - chap - pe, il s'é -

veil - le, il s'é - veil - le; L'A - mour _ se ré - veil - le de

Allegro

rien, l'A - mour _ se ré-veil - le de rien. Aus - si -

tôt dé - ploy-ant ses ai - les et sai-sis - sant Son arc ven -

_fp_ _fp_ _fp_

_fp_ _fp_ _fp_

geur, L'u - ne de ses flê - ches, de ses

_f_ _p_ _f_

flê - ches, cru - el - les en par -

_p_ _f_ _ff_ _p_

De nou - veau lan - guir ___ et brû - ler!

Tu l'ai - me - ras ___ tou - te ta vi - e,

Pour a - voir ___ o - sé m'é - veil - ler, ___

pour a - voir ___ o - sé ___ m'é - veil - ler.

Psyché

Pierre Corneille
(1606-1684)

Emile Paladilhe
(1844-1926)

Composed 1884. Emile Paladilhe, winner of the Prix de Rome in 1860, composed two volumes of published mélodies, but is really remembered for just one, "Psyché." The romantic Greek myth of Cupid and Psyche is found in Apuleius' *Metamorphoses*. The lovelorn Psyche daunted all suitors with her great beauty. People ceased worshipping Venus and turned their adoration to Psyche. Enraged, Venus vowed vengeance and ordered her son Cupid to make Psyche fall in love with the ugliest creature he could find. When he saw Psyche, he fell in love with her himself. In his story Apuleius hints at an allegory of the soul (psyche) in pursuit of divine love (eros). This poem was also set by Koechlin (see "Si tu le veux").

Psyché	Psyche
Je suis jaloux, Psyché, de toute la nature:	*I am jealous, Psyche, of all nature:*
Les rayons du soleil vous baisent trop souvent;	*The sun's rays kiss you far too often;*
Vos cheveux souffrent trop les caresses du vent:	*Your hair too often accepts the wind's caresses:*
Quand il les flatte, j'en murmure;	*When he blows your hair, I am jealous;*
L'air même que vous respirez	*Even the air you breathe*
Avec trop de plaisir passe sur votre bouche;	*Passes your lips with too much pleasure;*
Votre habit de trop près vous touche;	*Your garment touches you too closely;*
Et sitôt que vous soupirez,	*And whenever you sigh,*
Je ne sais quoi qui m'effarouche	*I do not know what frightens me*
Craint parmi vos soupirs des soupirs égarés.	*Perhaps that your sighs are not all meant for me.*

Copyright © 2001 by HAL LEONARD CORPORATION
International Copyright Secured   All Rights Reserved

236

Le Bestiaire
ou Cortège d'Orphée

Guillaume Apollinaire
(1880-1918)

Francis Poulenc
(1899-1963)

The Book of Beasts
or Procession of Orpheus

Le dromadaire
La chèvre du Thibet
La sauterelle
Le dauphin
L'écrevisse
La carpe

Composed 1918-1919 for low voice and chamber orchestra (flute, clarinet, bassoon, string quartet). Publisher: Max Eschig, 1920. Poulenc created a version for piano and voice, and it is in this form the work is usually performed. The work is dedicated to composer Louis Durey, a member of Les Six (with Francis Poulenc, Darius Milhaud, Georges Auric, Germaine Tailleferre and Arthur Honegger), who also set the poems of *Le Bestiaire*. The first performance was sung by Poulenc's good friend, soprano Suzanne Peignot. "J'aime la voix humaine!" is a much-quoted statement of Francis Poulenc, whose love for the singing voice created the largest body of songs to be added to French vocal literature in the 20th century. *Le Bestiaire* is Poulenc's earliest cycle, composed when he was barely twenty years old, and is also one of his most familiar vocal works. He said: "From *Bestiaire* onwards, I felt a definite and mysterious affinity with Apollinaire's poetry." This marked his first setting of Apollinaire, who was to inspire thirty-five more songs and cycles and Poulenc's first opera *Les Mamelles des Tirésias* (1944).

Guillaume Apollinaire's interest in writing a series of quatrains about a bestiary was sparked by a series of woodcuts by Pablo Picasso. Apollinaire eventually wrote thirty poems, describing his collection as "one of the most varied, seductive and accomplished poetical works of the new lyric generation." He planned an illustrated edition; Picasso was involved in other projects, so Apollinaire chose artist Raoul Dufy to create a series of woodcuts. Dufy's lively humorous woodcuts for *Le Bestiaire* were his first published illustrations. *Le Bestiaire* was finally published in Paris by Deplanche, February, 1911. Of the publisher's run of one hundred twenty copies, only about fifty were sold at 100 francs apiece. The remaining copies were sent to a second-hand book dealer who lowered the price to 40 francs. According to Dufy, Apollinaire and Dufy eventually realized only about 100 francs apiece from the work. The original Deplanche publication of *Le Bestiaire* is now considered one of the masterpieces of twentieth-century book production.

In 1918, a reprint of the Apollinaire-Dufy publication inspired Poulenc to compose *Le Bestiaire*. Poulenc originally set twelve poems, but on the advice of his friend, composer Georges Auric, kept only six. Two of the rejected mélodies may be found in the Bibliothèque Nationale in Paris: "Le Serpent" (The Snake) and "La Colombe" (The Dove). Years later, Poulenc returned again to the collection to set "La Souris" (The Mouse) as a birthday gift for Marya Freund on her eightieth birthday. Poulenc referred to the tone of Apollinaire's work as "both melancholy and joyous." The cycle is lyric and lighthearted but also pensive and droll—a gentle reminder that humans share the foibles of animals, fish and fowl. The miniature proportions of the cycle give it an intimate quality and an astonishing unity. The piano accompaniments, based on ostinato patterns, provide dramatic background as well as commentary on the texts. From the plodding gait of the explorer's camels to the languid carp swimming in his pool, a varied and colorful parade passes by.

Poulenc's flair for the dramatic is apparent even in these early miniatures, and despite their brevity, one can already hear the lyricism that became an integral part of his song style. Writing of this cycle in his *Journal de mes melodies*, the compser declared these first songs as already "typical Poulenc." He also added a note of caution for the performer: "To sing *Le Bestiaire* with irony and above all knowingly is a complete misconception, showing no understanding whatsoever of Apollinaire's poetry or my music."

The songs of the cycle are in the original keys in the Low edition, and transposed for the High edition, with the exception of "La sauterelle."

Le dromadaire

Le dromadaire

Avec ses quatre dromadaires
Don Pedro d'Alfaroubeira
Courut le monde et l'admira.
Il fit ce que je voudrais faire
Si j'avais quatre dromadaires.

The Dromedary

With his four dromedaries
Don Pedro d'Alfaroubeira
Traveled the world over and admired it.
He did what I would like to do
If I had four dromedaries.

Copyright © 2001 by HAL LEONARD CORPORATION
International Copyright Secured   All Rights Reserved

Don Pe - dro d'Al - fa - rou - bei - ra

Cou - rut le monde et l'ad - mi - ra.

Il fit ce

que je vou - drais faire _____

Si j'a - vais qua - tre dro - ma -

daires. _____

Allegro ♩ = 168

mf
sans pédales, sans nuances

sans ralentir

bref

La chèvre du Thibet

La chèvre du Thibet

Les poils de cette chèvre et même
Ceux d'or pour qui prit tant de peine
Jason ne valent rien au prix
Des cheveux dont je suis épris.

The Tibetan Goat

The hair of this goat and even
The golden hair for which such pains were taken
By Jason are worth nothing compared
To the hair of the one I love.

Copyright © 2001 by HAL LEONARD CORPORATION
International Copyright Secured   All Rights Reserved

La sauterelle

La sauterelle

Voici la fine sauterelle,
La nourriture de Saint Jean,
Puissent mes vers être comme elle
Le régal des meilleures gens.

The Grasshopper

Here is the delicate grasshopper,
The nourishment of Saint John,
May my verses likewise be
A feast for superior people.

Copyright © 2001 by HAL LEONARD CORPORATION
International Copyright Secured   All Rights Reserved

Le dauphin

Le dauphin

Dauphins, vous jouez dans la mer,
Mais le flot est toujours amer.
Parfois, ma joie éclate-t-elle?
La vie est encore cruelle.

The Dolphin

Dolphins, you play in the sea,
But the waves are always briny.
Does my joy burst forth at times?
Life is still cruel.

Copyright © 2001 by HAL LEONARD CORPORATION
International Copyright Secured   All Rights Reserved

L'écrevisse

L'écrevisse

The Crayfish

Incertitude, ô mes délices
Vous et moi nous nous en allons
Comme s'en vont les écrevisses,
À reculons, à reculons.

Uncertainy, Oh! my delights,
You and I, we progress
As crayfish do,
Backwards, backwards.

Copyright © 2001 by HAL LEONARD CORPORATION
International Copyright Secured   All Rights Reserved

La carpe

La carpe

Dans vos viviers, dans vos étangs,
Carpes, que vous vivez longtemps!
Est-ce que la mort vous oublie,
Poissons de la mélancolie?

The Carp

In your pools, in your ponds,
Carps, you live such a long time!
Is it that death has passed you by,
Fish of melancholy?

Pont sur Seine
Avril, Mai 1919

Copyright © 2001 by HAL LEONARD CORPORATION
International Copyright Secured   All Rights Reserved

Sarabande

René Chalupt
(1885-1957)

Albert Roussel
(1869-1937)

Composed 1919. Opus 20: *Deux mélodies*, no. 2. Published by Durand. Dedicated to Madame Lucy Vuillemin. "Sarabande," perhaps Roussel's most beautiful mélodie, is an outstanding example of his evocative pianistic writing and expressive musical imagery. Chalupt's poetry, with its discreet but voluptuous imagery, seemed to fit Roussel's elegant and restrained temperament well, and inspired some of the composer's best mélodies. There is an oriental delicacy in Roussel's evocation of the fluttering doves, feathers into a pool, and the slow drift of chestnut blossoms onto bare flesh. Chalupt's dancing fountains are direct descendants of Verlaine's jets d'eau in "Clair de lune" (see Fauré's setting), but in this context are more intimate and mysterious. Chalupt and Roussel were close friends; Roussel composed two sets of songs to Chalupt poetry (Opus 20 and Opus 50). For Roussel's sixtieth birthday celebration Chalupt wrote a poem about Roussel ("La marin favorisé") which composer Maurice Delage set to music as part of a special tribute concert.

Sarabande

Les jets d'eau dansent des sarabandes
Sur l'herbe parfumée des boulingrins;
Il y a des rumeurs de soie dans le jardin
Et de mystérieuses présences.
Sur le marbre rose d'une margelle,
Trois tourterelles se sont posées,
Comme sur tes lèvres trois baisers;
Leurs plumes s'effeuillent dans le bassin.

Les fleurs fraîches des marronniers
Neigent lentement sur tes seins
Et font frissonner ta chair nue,
Car tu es nue sous ton manteau.
Et c'est pour toi que les jets d'eau
Dansent de sveltes sarabandes,
Que le parc est plein de présences,
Et que les tourterelles blanches,
Comme de vivantes guirlandes,
Viennent fleurir au bord de l'eau.

Saraband

The fountains are dancing sarabands
On the fragrant grass of the lawns;
There are sounds of rustling silk in the garden
And mysterious presences.
On the rim of a pink marble fountain,
Three turtle-doves have lighted,
Like three kisses on your lips;
Their feathers fall like leaves into the basin.

The fresh flowers of the chestnut trees
Fall slowly like snowflakes on your breast
Making your bare flesh shiver,
For you are naked under your cloak.
And it is for you that the fountains
Dance their slender sarabands
That the park is full of presences,
And that the white turtle-doves,
Like living garlands,
Come to flower at the water's edge.

Copyright © 2001 by HAL LEONARD CORPORATION
International Copyright Secured   All Rights Reserved

Modéré

p *souple*

Sur le mar - bre ro - se d'u - ne mar - gel - le,

Trois tour - te - rel - les se sont po - sé - es,

poco cresc.

poco rit.

Com - me sur tes lè - vres trois bai -

poco rit.

p

Le bachelier de Salamanque

René Chalupt
(1885-1957)

Albert Roussel
(1869-1937)

Composed 1919. Opus 20: *Deux mélodies*, no. 1. Publisher: Durand. Dedicated to Jacques Durand. First performance by Mme. Lucy Vuillemin, Paris, 27 December, 1919. "Le bachelier de Salamanque" provides a comic contrast to "Sarabande," the other mélodie of Opus 20. Chalupt's poem describes quite a different serenader from those found in Verlaine's elegant manicured gardens (see "Mandoline"). This hero is a university student, determined to deliver his musical offering after curfew has rung. His furtive journey through the streets of Salamanca is accompanied by a lively pastiche of Spanish music. Roussel trained as a naval officer until 1894, when he left his maritime career to devote himself entirely to music. He studied and eventually taught at the Schola Cantorum, established by César Franck's disciple Vincent d'Indy. Satie and Varèse were among Roussel's students. He always retained his love for the sea, describing his musical works as attempts to "evoke all the feelings which lie hidden in the sea—the sense of power and infinity, of charm, anger and gentleness . . . " One of the most well-traveled of composers, Roussel was always drawn to exotic destinations, notably the Orient. The living room of the "sailor-musician" was painted a dark blue in order to show to advantage the beauty of his golden Indian statues.

Le bachelier de Salamanque	*The Student from Salamanca*
Où vas-tu, toi qui passes si tard Dans les rues désertes de Salamanque, Avec ta toque noire et ta guitare, Que tu dissimules sous ta mante?	*Where are you going, you who pass so late* *In the deserted streets of Salamanca,* *With your black cap and guitar,* *Hidden beneath your cloak?*
Le couvre-feu est déjà sonné Et depuis longtemps dans leurs paisibles maisons Les bourgeois dorment à poings fermés.	*The curfew has already sounded* *And for hours in their peaceful homes* *The burghers have been sound asleep.*
Ne sais-tu pas qu'un édit de l'alcade Ordonne de jeter en prison Tous les donneurs de sérénade, Que les malandrins couperont ta chaîne d'or,	*Do you not know the alcade has decreed* *Prison as punishment for those* *Who sing their serenades,* *That brigands will cut your golden chain,*
Et que la fille de l'Almirante, Pour qui vainement tu te tourmentes, Se moque de toi, derrière son mirador?	*And that the Admiral's daughter* *For whom you sigh in vain* *Mocks you from her mirador?*

alcade: sheriff
Almirante: Admiral, commander of a fleet
mirador: an enclosed balcony with a shuttered window

Copyright © 2001 by HAL LEONARD CORPORATION
International Copyright Secured   All Rights Reserved

tu,_____ toi qui pas - ses si tard ___ Dans les rues dé -

ser - tes de Sa - la - man - que,

A - vec ta to - que noire et ta gui - ta - re,

Que tu dis - si - mu - les sous ta man - te?

Un peu moins animé

Le cou - vre - feu   est dé - jà   son -

né _____   Et   de - puis   long -

temps   dans leurs pai - si - bles mai - sons _____

Sainte

Stéphane Mallarmé
(1842-1898)

Maurice Ravel
(1875-1938)

Composed 1896. Published by Durand, 1907. Dedicated to Madame Edmond Bonniot, Mallarmé's daughter. "Sainte" was Ravel's first published song. He kept the manuscript in his private folio from 1896 to 1907, when he finally agreed to have it published by Durand. Mallarmé dedicated his poem to St. Cecilia, the patron saint of musicians, describing it as "a little song-like poem written above all with music in mind." The words have a mystical, chant-like quality that evokes the church's hushed atmosphere and the unheard melodies issuing from the stained glass window. In the poem's final lines, Mallarmé captures the stillness of the stained glass itself. Ravel considered Mallarmé the greatest of French poets, and used his verses nineteen years later for a work for voice and chamber orchestra, *Trois poèmes de Mallarmé*.

Sainte

À la fenêtre recélant
Le santal vieux qui se dédore
De sa viole étincelant
Jadis selon* flûte ou mandore,

Est la Sainte pâle, étalant
Le livre vieux qui se déplie
Du Magnificat ruisselant
Jadis selon vêpres ou** complie:

À ce vitrage d'ostensoir
Que frôle une harpe par l'Ange
Formée avec son vol du soir
Pour la délicate phalange

Du doigt que, sans le vieux santal,
Ni le vieux livre, elle balance
Sur le plumage instrumental,
Musicienne du silence.

Saint

At the recessed window
The old fading sandalwood
Of her viol that sparkled
Once to flute or mandola,

Is the pale Saint, displaying
The old book that lies open
To the Magnificat that glistened
Once to vespers and compline:

At this glass monstrance
Brushed by an angel's harp
Formed with his evening flight
For the delicate point

Of the finger that, without the old sandalwood
And the ancient book, she poises
On the instrumental plumage,
Musician of silence.

*Mallarmé's original word here is "avec" rather than "selon" (changed by Ravel)
**Mallarmé's original word here is "et" rather than "ou" (changed by Ravel)

Copyright © 2001 by HAL LEONARD CORPORATION
International Copyright Secured   All Rights Reserved

Cinq mélodies populaires grecques

Traditional Greek folk songs
Translated into French by M.D. Calvocoressi

Maurice Ravel
(1875-1938)

Le réveil de la mariée
Là-bas, vers l'église
Quel galant m'est comparable?
Chanson des cueilleuses de lentisques
Tout gai!

Composed 1904. Original texts in Greek. Published by Durand in 1906 in Calvocoressi's French translations. First performance by Marguerite Babaïan. Ravel later began orchestrating the collection, but lost interest after completing the first and last songs. Manuel Rosenthal, Ravel's friend and disciple, completed scoring the remaining three songs in 1935. There is also a version for harp and voice.

Ravel composed the accompaniments in 1904. French musicologist Pierre Aubry needed musical examples to illustrate a lecture he was giving on Greek folk song. M.D. Calvocoressi, a friend of Greek descent, selected five songs and taught them phonetically to Louise Thomasset, who was to sing the examples during the lecture. She insisted on having piano accompaniment, so Aubry turned to Ravel, who composed the accompaniments in 36 hours. Two of the five songs performed, "Quel galant m'est comparable?" and "Chanson des cueilleuses de lentisques," were later incorporated into the *Cinq mélodies populaires grecques*. Three of the songs subsequently vanished, but Ravel later set three other mélodies chosen by Calvocoressi and these complete the collection as it is performed today.

These five genuine Greek folk songsare based on Greek dance rhythms. Ravel's settings might be described as "neo-Hellenic" for their clarity in line and structure, qualities that enhance the poetic and melodic material. The songs capture colorful animated scenes from Greek peasant life. Ravel seemed to relish working with folk song. In 1910, he created imaginative settings for a collection of Spanish, French, Italian and Hebrew melodies (*Chants populaires*) and in 1914 set *Deux mélodies hébraïques*.

Le réveil de la mariée

Le réveil de la mariée

Réveille-toi, réveille-toi, perdrix mignonne.
Ouvre au matin tes ailes.
Trois grains de beauté, mon cœur en est brûlé.
Vois le ruban, le ruban d'or que je t'apporte
Pour le nouer autour de tes cheveux.
Si tu veux, ma belle, viens nous marier:
Dans nos deux familles, tous sont alliés.

The bride's awakening

Wake up, wake up, pretty partridge.
Open your wings to the morning.
Three beauty spots have set my heart on fire.
See the ribbon, the golden ribbon I bring you
To tie round your hair.
If you want, my beauty, come let's be married:
In our two families, all are kindred.

Copyright © 2001 by HAL LEONARD CORPORATION
International Copyright Secured   All Rights Reserved

toi, per - drix mi - gnon - ne. Ouvre au ma -

tin tes ai - les,

ouvre ___ au ma - tin tes ai -

les. Trois grains de beau - té, mon

cœur en est brû - lé.   Trois grains de beau -

té,   mon   cœur   en est brû - lé.

Vois le ru -

ban,   le ru - ban   d'or   que je   t'ap - por - te,

vois le ru - ban, le ru - ban d'or que je t'ap -
por - te Pour le nou - er au -
tour de tes che - veux, _____ pour ___ le nou -
er au - tour de tes che - veux.

Là-bas, vers l'église

Là-bas, vers l'église	*Over there, near the church*
Là-bas, vers l'église,	*Over there, near the church,*
Vers l'église Ayio Sidéro,	*Near the church of Saint Sideros*
L'église, ô Vierge sainte,	*The church, O Holy Virgin,*
L'église, Ayio Costanndino	*The church of Saint Constantine*
Se sont réunis, rassemblés en nombre infini,	*They are gathered, assembled in infinite number,*
Du monde, ô Vierge sainte,	*In the world, O Holy Virgin,*
Du monde tous les plus braves!	*All the bravest in the world!*

Copyright © 2001 by HAL LEONARD CORPORATION
International Copyright Secured   All Rights Reserved

glise, _ ô _ Vier-ge sain _ te,   L'é _ glise _ Ay-io Cos-tann-di -

no   Se sont ré - u - nis, _____   ras-sem-blés en nombre in - fi -

ni,   Du   monde, _ ô _ Vier-ge sain _ te,   Du

mon - de tous les plus bra - ves! _____

Quel galant m'est comparable?

Quel galant m'est comparable?	*What gallant can compare with me?*
Quel galant m'est comparable,	*What gallant can compare with me?*
D'entre ceux qu'on voit passer?	*Among those seen passing by?*
Dis, Dame Vassiliki?	*Tell me, Lady Vassiliki?*
Vois, pendus, pendus à ma ceinture,	*See, hung on my belt,*
Pistolets et sabre aigu…	*Pistols and a sharp sword…*
Et c'est toi que j'aime!	*And it is you whom I love!*

Quel ga - lant, ga - lant m'est com-pa - ra - ble, D'en -tre ceux qu'on

voit pas - ser? _____ Dis, Da -me Vas - si - li - ki?

Copyright © 2001 by HAL LEONARD CORPORATION
International Copyright Secured   All Rights Reserved

Vois, pen - dus, pen - dus à ma cein -

tu - re, Pis - to -lets et sabre ai - gu...

ralenti

Et c'est toi que j'ai - me!

Chanson des cueilleuses de lentisques

Chanson des cueilleuses de lentisques

Song of the lentisk gatherers

Ô joie de mon âme,	*O joy of my soul,*
Joie de mon cœur, trésor qui m'est si cher;	*Joy of my heart, treasure so dear to me;*
Joie de l'âme et du cœur,	*Joy of the soul and of the heart,*
Toi que j'aime ardemment,	*You whom I love passionately*
Tu es plus beau qu'un ange.	*You are lovelier than an angel.*
Ô lorsque tu parais, ange si doux,	*O when you appear, angel so sweet*
Devant nos yeux,	*Before our eyes,*
Comme un bel ange blond,	*Like a beautiful blonde angel,*
Sous le clair soleil,	*In the bright sunlight*
Hélas, tous nos pauvres cœurs soupirent!	*Alas! all our poor hearts sigh!*

Copyright © 2001 by HAL LEONARD CORPORATION
International Copyright Secured   All Rights Reserved

Joie de l'âme et _ du cœur, _Toi que j'aime ar - dem - ment, _

Tu es plus beau, plus beau qu'un _ an - ge. _____

Ô _____ lors-que tu pa - rais, an - ge _ si

doux, _____ an - ge si _ doux, De-vant nos _

Tout gai!

Tout gai!	All merry!
Tout gai,	All merry,
Ha, tout gai;	Ha! all merry;
Belle jambe, tireli qui danse,	Beautiful legs, tireli that dance,
Belle jambe, la vaisselle danse,	Beautiful legs, the pottery dances,
Tra-la-la.	Tra-la-la.

Copyright © 2001 by HAL LEONARD CORPORATION
International Copyright Secured   All Rights Reserved

Bel -le jam - be, la vais -sel -le dan - se, _____

_____ Tra la la la la! la -ra -la, la

la, la la la la la, la - ï la, la

Aimons-nous

Théodore de Banville
(1823-1891)

Camille Saint-Saëns
(1835-1921)

Composed 1881. Théodore de Banville's poem has no title, but is from *Les Exilés*, Odelettes (1878). Poet, playwright and novelist, Banville produced some twenty collections of verse and was highly regarded by the younger poets of his day. Saint-Saëns dedicated this mélodie to Paul Vidal. The composer had a keen sense of public taste, and no doubt created "Aimons-nous" to appeal to the music consumers of the day. Its highly sentimental setting is somewhat reminiscent of Massenet's "Elégie." Both songs were great hits with the public and are still among the most popular mélodies of both composers.

Aimons-nous	*Let us love*
Aimons-nous et dormons	*Let us love and sleep*
Sans songer au reste du monde!	*Without dreaming of the rest of the world!*
Ni le flot de la mer, ni l'ouragan des monts	*Neither the ocean waves, nor the mountain storm*
Tant que nous nous aimons	*For as long as we love each other,*
Ne courbera ta tête blonde,	*Will trouble your golden head,*
Car l'amour est plus fort	*For love is stronger*
Que les Dieux et la Mort!	*Than the Gods and Death!*
Le soleil s'éteindrait	*The sun would cease to burn*
Pour laisser ta blancheur plus pure,	*To make your purity more pure,*
Le vent qui jusqu'à terre incline la forêt,	*The wind that bends even the forest to the ground,*
En passant n'oserait	*Would not dare in passing*
Jouer avec ta chevelure,	*To play with your tresses*
Tant que tu cacheras	*So long as you hide*
Ta tête entre mes bras!	*Your head in my arms!*
Et lorsque nos deux cœurs	*And when our two hearts*
S'en iront aux sphères heureuses	*Shall soar into blissful realms*
Où les célestes lys écloront sous nos pleurs,	*Where heavenly lilies open beneath our tears,*
Alors, comme deux fleurs,	*Then, like two flowers,*
Joignons nos lèvres amoureuses,	*Let us join our loving lips,*
Et tâchons d'épuiser	*And try to outlast*
La mort dans un baiser!	*Death with a kiss!*

Copyright © 2001 by HAL LEONARD CORPORATION
International Copyright Secured   All Rights Reserved

Et lors-que nos deux cœurs S'en i - ront aux sphè-res heu - reu - ses

sempre **pp**

Où les cé-les-tes lys é-clo-ront sous nos pleurs, A - lors, com - me deux

poco cresc.

rit. _dim._ _a tempo_ **pp**

fleurs, __ Joi-gnons nos lèv-res a-mou-reu - ses,

p
rit.

pp
a tempo

L'attente

Victor Hugo
(1802-1885)

Camille Saint-Saëns
(1835-1921)

Composed 1851. The text is found in Victor Hugo's *Les Orientales* (1828), no. 20. Saint-Saëns was a child prodigy—his earliest extant manuscript was composed at age four! His talent was far ranging—composer, pianist, organist, writer. He served as the organist at the Madeleine in Paris; Liszt declared him to be the greatest organist in the world. Berlioz's description of Saint-Saëns was somewhat sharper: "He knows everything, but lacks inexperience." Saint-Saëns composed more than 100 mélodies; the best of them display his spontaneous lyrical gift and skilled craftsmanship. Richard Wagner, who titled his mélodie "Attente", also set Hugo's dramatic poem. It is possible that the twenty-year-old Saint-Saëns, who much admired Wagner, modeled his song on Wagner's setting.

L'attente	Waiting
Monte, écureuil, monte au grand chêne,	Climb, squirrel, climb the great oak,
Sur la branche des cieux prochaine,	To the branch nearest the sky,
Qui plie et tremble comme un jonc.	That bends and trembles like a reed.
Cigogne, aux vieilles tours fidèle,	Stork, inhabitant of ancient towers,
Oh! vole et monte à tire-d'aile	Oh! Swiftly fly and wing your way
De l'église à la citadelle,	From the church to the fortress,
Du haut clocher au grand donjon.	From the high steeple to the mighty keep.
Vieux aigle, monte de ton aire	Old eagle, rise from your eyrie
À la montagne centenaire	To the ancient mountain peak
Que blanchit l'hiver éternel.	Eternally white with snow.
Et toi qu'en ta couche inquiète	And you, ever restless in your nest
Jamais l'aube ne vit muette,	Who never fails to greet the dawn,
Monte, monte, vive alouette,	Rise, rise, lively lark,
Vive alouette, monte au ciel!	Ascend into the sky!
Et maintenant, du haut de l'arbre,	And now from the high tree-top,
Des flèches de la tour de marbre,	From the marble tower's spire,
Du grand mont, du ciel enflammé,	From the mountain crest, from the flaming sky,
A l'horizon, parmi la brume,	On the horizon, in the mist,
Voyez-vous flotter une plume,	Do you see a fluttering plume
Et courir un cheval qui fume,	And a steaming, galloping horse
Et revenir mon bien-aimé?	And my beloved returning home?

Copyright © 2001 by HAL LEONARD CORPORATION
International Copyright Secured   All Rights Reserved

chai - ne, Qui plie et trem - ble comme un jonc.

marcato

cresc.

Ci-gogne, aux vie-illes tours fi - dè - le, Oh!

f

vole et monte à ti - re - d'ai - le De l'é-

fp

glise à la ci-ta-del - le, Du haut clo-cher au grand don-jon.

marcato

Vieux ai - gle, mon - te de ton ai -

re A la mon - ta - gne cen - te -

nai - re Que blan -chit l'hi - ver é - ter - nel. Et

toi qu'en ta couche in - qui - è - te Ja - mais l'au - be ne vit mu -

A l'ho - ri - zon, _____ par - mi la bru - me, Voy-ez-

vous flot - ter _____ u - ne plu - me, Et cou-

rir un che - val qui fu - me, Et re - ve - nir mon bien - ai

mée, et _____ re - ve - nir _____

mon bien - ai - mée, _____

mon bien - ai - mée, _____ mon bien - ai -

mée?

dim. poco a poco

p _____ *pp*

Je te veux

Henry Pacory

Erik Satie
(1866-1925)

"Valse chantée," composed 1897. For voice and piano, originally written for tenor voice. First published by Baudoux, 1902; Bellon Ponscarme, 1903; Rouart-Lerolle. Version for solo piano, Bellon Ponscarme, 1904. The popular song was subsequently published in a number of instrumental versions. In Paris at the turn of the century, café-concerts (caf'conç) and the music-halls were the entertainments of choice for the working class. These reflected the glamour and gaiety of the City of Light, and offered a stimulating atmosphere in which to unwind. It was a lean time for Satie, who was barely able to eke out a living writing pot-boilers for the caf'conç and singers like Paulette Darty, its reigning star. A statuesque blonde with an ample figure and a stage presence that commanded the attention of the most boisterous Saturday night audience, Darty was billed as the "Queen of the *Valse Chantée*;" in between the verses and at the end of every song, she waltzed around the stage in graceful circles. The *valse chantée* was staple musical fare of the caf'conç, sentimental and tuneful, usually with racy lyrics. Satie met Darty in 1903 when he auditioned "Je te veux" for her: "In the mornings I was in the habit of receiving composers who brought me new songs. . . I was resting when. . .suddenly, I heard the now famous waltz 'Je te veux'. . . It had such a special charm. . . that I slipped into a peignoir to go and express my delight to Monsieur Satie. He went back to the piano, and I sang 'Je te veux' for the first time." Darty immediately added it to her repertoire and its popularity was assured. Lyricist Henry Pacory was a close friend of Satie's who usually paid the composer's tab at the caf'conç. Before the song was published, Pacory's rather explicit poem was watered down at Satie's request. Manuscript revisions in Satie's handwriting suggest he may have taken part in changing some of the text himself.

Je te veux	*I want you*
J'ai compris ta détresse,	*I've understood your distress*
Cher amoureux,	*Dear lover,*
Et je cède à tes vœux:	*And I yield to your desires:*
Fais de moi ta maîtresse.	*Make me your mistress.*
Loin de nous la sagesse,	*Let's throw discretion away*
Plus de tristesse,	*No more sadness,*
J'aspire à l'instant précieux	*I long for the precious moment*
Où nous serons heureux:	*When we will be happy:*
Je te veux.	*I want you.*
Je n'ai pas de regrets,	*I have no regrets,*
Et je n'ai qu'une envie:	*And only one desire:*
Près de toi, là, tout près,	*Close to you, there, very close,*
Vivre toute ma vie.	*To live my whole life.*
Que mon cœur soit le tien	*Let my heart be yours*
Et ta lèvre la mienne,	*And your lips mine*
Que ton corps soit le mien,	*Let your body be mine*
Et que toute ma chair soit tienne.	*And all my flesh yours.*
J'ai compris ta détresse. . .	*I've understood your distress. . .*
Oui, je vois dans tes yeux	*Yes, I see in your eyes*
La divine promesse	*The divine promise*
Que ton coeur amoureux	*That your loving heart*
Vient chercher ma caresse.	*Is seeking my caress.*
Enlacés pour toujours,	*Forever entwined together*
Brûlés des mêmes flammes,	*Seared by the same desire*
Dans des rêves d'amours,	*In dreams of love*
Nous échangerons nos deux âmes.	*We'll exchange our two souls.*

Copyright © 2001 by HAL LEONARD CORPORATION
International Copyright Secured   All Rights Reserved

moi ta ____ maî - tres - se. Loin de nous la sa -

ges - se, Plus de tris - tes - se, J'as -

pire à l'ins - tant pré - ci - eux Où nous se - rons heu - reux: ____ Je te

Premier
COUPLET

veux. ____ Je n'ai pas ____ de re - grets, ____ Et je

p

cresc.

n'ai qu'u - ne en - vi - e: Près de toi, _____ là, tout

près, _____ Vi - vre tou - te _____ ma vi - e. Que mon

cœur _____ soit le tien Et ta lè - vre _____ la

mien - ne, Que ton corps _____ soit le mien, _____ Et que

pro - mes - se Que ton cœur _____ a - mou -

reux _____ Vient cher - cher ma _____ ca - res - se. En - la -

cés _____ pour tou - jours, _____ Brû - lés des mê - mes

flam - mes, Dans des rê - ves d'a - mours, _____ Nous é -

Refrain VALSE

pp retenir

retenir

chan - ge - rons nos deux â - mes. J'ai com - pris

retenir

pp très retenu

ta dé - tres - se, Cher a - mou - reux, ____

très lié

____ Et je cède ____ à tes vœux, ____ Fais de

moi ta ____ maî - tres - se. Loin de nous la sa -

La statue de bronze

Léon-Paul Fargue
(1876-1947)

Erik Satie
(1866-1925)

Composed 1916. First song in published order, *Trois mélodies de 1916* but composed last. Publisher: Rouart-Lerolle, 1917; Salabert. Orchestrated by Robert Caby, Salabert, 1968. Dedicated to Jane Bathori, who premiered the first two songs of the set, "Daphénéo" and "Le Chapelier," in April of 1916 with pianist Ricardo Viñes. In May 1916, Bathori and Satie performed all three songs in a concert presented in connection with an exhibition of modern painting. The program for this recital featured original engravings by Matisse and Picasso. This song was Satie's first setting of the poetry of Léon-Paul Fargue, the "Bohemian poet of Paris." Satie used Fargue's witty verses again for *Ludions* (1923), a kaleido-scopic cycle of musical miniatures. "La statue de bronze" can be linked to "La grenouille Américaine" (The American frog) found in *Ludions*. Both songs share accompaniment figures spun-off from the music hall style. "La statue de bronze" is both ironic and wistful. It is quintessential Satie—brief, laconic, and witty. Francis Poulenc referred to this song as strongly influencing his melodic style: "I cherish it with a secret fondness and endless gratitude. "

La statue de bronze	*The bronze statue*
La grenouille du jeu de tonneau*	*The frog of the game of tonneau*
S'ennuie, le soir, sous la tonnelle…	*Gets bored, at evening under the arbor.*
Elle en a assez!	*She has had enough!*
D'être la statue	*Of being a statue*
Qui va prononcer un grand mot, le Mot!	*About to pronounce an important word, the Word!*
Elle aimerait mieux être avec les autres	*She would rather be with the others*
Qui font des bulles de musique	*Blowing music bubbles*
Avec le savon de la lune	*With the soap of the moon.*
Au bord du lavoir mordoré	*At the edge of the reddish-brown washhouse*
Qu'on voit, là-bas, luire entre les branches…	*Shining over there between the branches…*
On lui lance à cœur de journée	*All day long they keep throwing*
Une pâture de pistols	*Fodder of metal disks*
Qui la traversent sans lui profiter	*That only pass through her*
Et s'en vont sonner	*And go rattling*
Dans les cabinets	*Into the compartments*
De son piédestal numéroté!	*Of her numbered pedestal!*
Et le soir les insectes couchent	*And at night, the insects sleep*
Dans sa bouche.	*In her mouth.*

*The "jeu de tonneau" was a garden game popular at the end of the 19th century. The goal of the game was to throw metal discs through the frog's mouth into numbered compartments that determined the player's score.

Pas trop vite

Copyright © 2001 by HAL LEONARD CORPORATION
International Copyright Secured   All Rights Reserved

La gre-nouil-le du jeu de ton-neau S'en-

nui-e, le soir, sous la ton-nel - le... Elle en a as-sez!

D'ê-tre la sta-tu-e Qui va pro-non-cer un grand mot, le Mot!

voir mor - do - ré Qu'on voit, là - bas, luire en - tre les bran - ches...

Au mouvement

On lui lance à cœur de jour -né - e U - ne pâ - tu - re de pis - to - les

triste et de plus en plus calme

Qui la tra - ver - sent sans lui pro - fi - ter _____ Et s'en

triste et de plus en plus calme

vont ___ son -ner Dans les ca - bi - nets De son pié -des-

tal nu - mé - ro - té! ___ Et le

soir les in - sec - tes cou - chent

Dans sa bou - che. ___

p *très blanc*

Les hiboux

Charles Baudelaire
(1821-1867)

Déodat de Sévérac
(1872-1921)

Composed 1898. Published by Rouart, Lerolle, 1913. Déodat de Sévérac was born in the Languedoc region of southwest France. After his studies in Paris, he returned home and remained there, traveling to Paris only when necessary. He attended the Schola Cantorum, studying with Magnard and d'Indy. He composed piano and orchestra music, songs and operas. His family, childhood, and the culture of his native Languedoc figured prominently in his music; he often wrote parts for regional folk instruments in his scores. He often referred to himself as "the peasant musician." His music shows influences of Debussy, Mussorgsky, and in his early songs, Bizet. "Les hiboux" is considered one of his best songs, depicting the hollow sound of the owls' call effectively in the piano writing.

Les hiboux	Owls
Sous les ifs noirs qui les abritent,	Beneath the shelter of the black yew-trees
Les hiboux se tiennent rangés,	The owls perch in a row
Ainsi que des Dieux étrangers;	Like strange gods, whose
Dardant leur œil rouge ils méditent.	Red eyes gleam, they meditate.
Sans remuer ils se tiendront	They will remain motionless
Jusqu'a l'heure mélancolique	Until the melancholy hour
Où, poussant le soleil oblique,	When, pushing aside the slanting sun
Les ténèbres s'établiront.	The shadows establish themselves.
Leur attitude au sage enseigne	From their attitude the wise man learns
Qu'il faut en ce monde qu'il craigne	That in the world he should fear
Le tumulte et le mouvement;	All movement and disturbance;
L'homme ivre d'une ombre qui passe	The man intoxicated with passing shadows
Porte toujours le châtiment	Always pays a penalty
D'avoir voulu changer de place!	For choosing to roam.

Copyright © 2001 by HAL LEONARD CORPORATION
International Copyright Secured   All Rights Reserved

Sous les ifs noirs qui les a-bri - tent, Les hi - boux se tien - nent ran - gés, Ain - si que des Dieux é - tran - gers; Dar - dant leur œil rou - ge ils mé-di -

tent.

pp

Ped.   *   Ped.   *   Ped.   *

Sans re-mu-er ils se tien-dront   Jus-qu'à l'heu - re __ mé-lan-co-

rit.

mf   *p*

li - que Où, pous-sant le so-leil o - bli - que Les té-

rit.

mf   *p*

309

Philis

Anonymous
Rondeau chanté, d'après un manuscrit du XVIIe siècle

Déodat de Sévérac
(1872-1921)

Composed 1916. *Douze mélodies*, Published by Rouart-Lerolle. This is the last song in the set. Sévérac's subtitle indicates the lineage of the poem as 18th century. Perhaps, perhaps not— in any case, Sévérac's fresh setting has the musical veneer of an earlier century (see also Hahn's "À Chloris"). This delightful pastiche was part of a group of songs Sévérac arranged for Yvette Guilbert (1868-1944), a Parisian actress and *diseuse* who performed in the café-concerts. She was the subject of a number of caricatures and drawings by Toulouse-Lautrec.

Philis	*Phyllis*
Par un souris l'Amour surpris	*Cupid, surprised by your smile*
Malgré Psyché vous rend les armes;	*Despite Psyche, surrenders his weapons to you;*
Bacchus auprès de vos attraits	*Confronted with your allure, Bacchus*
D'Ariane brave les charmes.	*Braves Ariadne's charms.*
Chacun d'eux osa prétendre	*Both Cupid and Bacchus dared*
Un favorable succès;	*Claim a favorable success;*
Pour vous rendre le cœur tendre	*To soften your heart,*
Ils vous offrent tout exprès	*They instantly offer you*
L'un son verre, l'autre ses traits.	*One his glass, the other his arrows.*
De cette double victoire	*This double victory*
Vos appas étaient garants;	*Was guaranteed by your charms;*
Mais Philis, daignez m'en croire,	*But Philis, pray believe me,*
Préférez à de tels amants	*And prefer over such lovers*
Un mortel qui vous adore	*A mortal who adores you*
Mille fois plus qu'eux encore.	*A thousand times more than they.*
Ô Philis!	*Oh, Phyllis!*

Copyright © 2001 by HAL LEONARD CORPORATION
International Copyright Secured   All Rights Reserved

ten - dre __ Ils vous of - frent tout ex - près ____ L'un son

ver - re, l'au - tre ses traits. _____ Par un sou -

ris l'A - mour __ sur - pris Mal - gré Psy - ché vous rend les

ar - mes; __ Bac - chus au - près de vos __ at - traits D'A - ri - a - ne

2e Couplet
Un peu lent

bra - ve les char - mes. ___ De cet - te dou - ble vic -

toi - re Vos ap - pas é - taient ga - rants; Mais Phi -

lis, dai - gnez m'en croi - re, ___ Pré - fé - rez à de tels a -

mants Un mor - tel qui vous a - do - re ___ Mil - le

Fleur desséchée

Alexandre Pushkin
(1799-1837)
Translated from the Russian by Louis Pomey

Pauline Viardot
(1821-1910)

Autograph not traced. Song no. 1 in *Douze mélodies sur des poésies russes*, published by Gérard, 1866. Pauline Viardot, a woman of extraordinary talent and intelligence, was an important figure in the artistic activities of her time. An illustrious singer from a legendary musical family, she became an inspirational catalyst for many composers. She studied piano with Liszt; Saint-Saëns and Chopin often accompanied her at the piano. She inspired operas: Meyerbeer composed the role of Fidès in *Le prophète* (1849) for her, and in 1851 Gounod wrote *Sapho* for her. Her most celebrated role was Orphée in Berlioz's French version of Gluck's *Orfeo ed Euridice*; she sang the role over 150 times in a single year. Her daughter, Marianne, was for a time engaged to Gabriel Fauré (see "Après un rêve"). Clara Schumann said of her: "Viardot is the most gifted woman I have ever met in my life." Pauline Viardot composed over 100 songs, more than 90 were published during her lifetime.

Fleur desséchée	*Pressed flower*
Dans ce vieux livre l'on t'oublie,	*In this old book you have been forgotten*
Fleur sans parfum et sans couleur,	*Flower without scent or color*
Mais une étrange rêverie,	*But a strange reverie*
Quand je te vois, emplit mon cœur.	*Fills my heart when I see you.*
Quel jour, quel lieu te virent naître?	*What day, what place witnessed your birth?*
Quel fut ton sort? qui t'arracha?	*What was your destiny? Who picked you?*
Qui sait? Je les connus peut-être,	*Who knows? Perhaps I knew*
Ceux dont l'amour te conserva!	*Those whose love preserved you!*
Rappelais-tu, rose flétrie,	*Faded rose, do you recall*
La première heure ou les adieux?	*The first hours or the farewells?*
Les entretiens dans la prairie	*The conversations in the meadow*
Ou dans le bois silencieux?	*Or in the silent wood?*
Vit-il encor? existe-t-elle?	*Is he still living? Does she exist?*
À quels rameaux flottent leurs nids?	*On which branches do their nests sway?*
Ou comme toi, qui fus si belle,	*Or like you, who were so lovely,*
Leurs fronts charmants sont-ils flétris?	*Are their charming looks withered?*

Copyright © 2001 by HAL LEONARD CORPORATION
International Copyright Secured   All Rights Reserved

Pronunciation Guide for The French Song Anthology

Martha Gerhart,
Translations and International Phonetic Alphabet

Pierre Vallet, Diction Coach

Pronunciation Guide Contents

Easch song includes a recitation of the text and a line-by-line diction lesson.
See the title page for instructions to acccess this feature online.

Pronunciation Guide Contents

TABLE
of the International Phonetic Alphabet (IPA) symbols
for the pronunciation of French in singing
used in this Diction Guide:

The Vowels

symbol	equivalent in English	description/notes
[ɑ]	as in "f<u>a</u>ther"	the "dark 'a'"
[a]	in English only in dialect; comparable to the Italian "a"	the "bright 'a'"
[e]	no equivalent; as in the German "Schnee"	the "closed 'e'": [i] in the [ɛ] position
[ɛ]	as in "b<u>e</u>t"	the "open 'e'"
[ə]	no equivalent	the "schwa" neutral vowel, used in a final unstressed syllable under certain circumstances depending upon the musical notation
[i]	as in "f<u>ee</u>t"	
[o]	no equivalent in English as a pure vowel; approximately as in "<u>o</u>pen"	the "closed 'o'"
[ɔ]	as in "<u>ou</u>ght"	the "open 'o'"
[u]	as in "bl<u>ue</u>"	
[y]	no equivalent	[i] sustained with the lips rounded to a [u] position
[ø]	no equivalent	[e] sustained with the lips rounded almost to [u]
[œ]	as in "<u>ea</u>rth" without pronouncing any "r"	the most usual sound of an unstressed neutral syllable: [ɛ] with lips in the [ɔ] position; see also [ə], above
[ɑ̃]	no equivalent	the nasal "a": [ɔ] with nasal resonance added
[õ]	no equivalent	the nasal "o": [o] with nasal resonance added
[ɛ̃]	no equivalent	the nasal "e": as in English "c<u>a</u>t" with nasal resonance added
[œ̃]	no equivalent	the nasal "œ": as in English "<u>u</u>h, h<u>u</u>h" with nasal resonance added

The Semi-consonants

[ɥ]	no equivalent in English	a [y] in the tongue position of [i] and the lip position of [u]
[j]	as in "<u>e</u>we," "<u>y</u>es"	a "glide"
[w]	as in "<u>w</u>e," "<u>w</u>ant"	

The Consonants

[b]	as in "<u>b</u>ad"	with a few exceptions
[c]	[k], as in "<u>c</u>art"	with some exceptions

[ç]	as in "sun"	when initial or medial, before *a*, *o*, or *u*
[d]	usually, as in "door"	becomes [t] in liaison
[f]	usually, as in "foot"	becomes [v] in liaison
[g]	usually, as in "gate"	becomes [k] in liaison; see also [ʒ]
[k]	as in "kite"	
[l]	as in "lift"	with some exceptions
[m]	as in "mint"	with a few exceptions
[n]	as in "nose"	with a few exceptions
[ɲ]	as in "onion"	almost always the pronunciation of the "gn" combination
[p]	as in "pass"	except when silent (final) and in a few rare words
[r] *	no equivalent in English	flipped (or occasionally rolled) "r"
[s]	as in "solo"	with exceptions; becomes [z] in liaison
[t]	as in "tooth"	with some exceptions
[v]	as in "voice"	
[x]	[ks] as in "extra," [gz] as in "exist"	becomes [z] in liaison
[z]	as in "zone"	with some exceptions
[ʒ]	as in "rouge"	usually, "g" when initial or mediant before *e*, *i*, or *y*; also, "j" in any position
[ʃ]	as in "shoe"	

* The "uvular 'r'" used in conversation and popular French song and cabaret is not appropriate in classical singing.

Elision and Liaison

Liaison is common in sung French. Its use follows certain rules; apart from the rules, the final choice as to whether or not to make a liaison sometimes depends on good taste and/or the advice of experts.

Liaison is the sounding (linking) of a normally silent final consonant with the vowel (or mute *h*) beginning the next word.
   examples, with their IPA:

	les oiseaux	est ici
	lɛ‿ zwa zo	ɛ‿ ti si

Elision is the linking of a consonant followed by a final unstressed *e* with the vowel (or mute *h*) beginning the next word.
   examples, with their IPA:

	elle est	votre âme
	ɛ‿ lɛ	vɔ‿ trɑ mœ

As an additional aid to the user, the linking symbol [‿] is given for **elision** as well as for **liaison**.

—Martha Gerhart

About the Artists

Martha Gerhart relocated to Dallas, Texas in 1997, following a prestigious career as a coach/pianist based in New York City, to teach at Southern Methodist University. At S.M.U. she coaches and teaches Diction for Singers. In demand from both students and professionals in the Dallas-Fort Worth area at her private coaching studio in Dallas, she has been on the music staffs of companies including the New York City Opera, the San Francisco Opera, Spoleto Festival Opera, and The Dallas Opera. She has also presented master classes at venues including the Pittsburgh Opera Studio, Glimmerglass Opera, OperaWorks (Los Angeles), and the Texoma Regional NATS Convention. In addition to her translating and IPA transliterating contributions to G. Schirmer's *Opera Anthology* series and other publications, she is the author of *Italian song texts from the 17th through the 20th centuries*, in three volumes, published by Leyerle Publications.

An innovative and dynamic musician, conductor **Pierre Vallet** is known for his elegance and musical depth. A versatile artist, he is also recognized as an accomplished pianist and opera coach, sought out by musicians for collaborations and by institutions for master classes.

Pierre Vallet made his successful debut at the Opéra national de Paris in December 2007, conducting the last two performances of Wagner's *Tannhäuser*. In recent seasons, Vallet has conducted performances of *Otello* and *Tannhäuser* with the Tokyo Opera Nomori, and *Manon* at the Bolshoi Theater. During the summer of 2007, he appeared at the Saito Kinen Festival Matsumoto conducting the Saito Kinen Festival Orchestra in a concert of excerpts from Tchaikovsky's *The Queen of Spades* at the Matsumoto Performing Arts Centre in the Japan Alps.

As an opera coach, in addition to the Opera de Paris and the Metropolitan Opera, he has worked with the New Israeli Opera in Tel Aviv, the Teatro Carlo Felice in Genova and the Bolshoi Theater in Moscow. Vallet has also coached young singers at the Metropolitan Opera Young Artists Program, the Houston Grand Opera Studio, the New England Conservatory, the Cincinnati Conservatory of Music, the San Francisco Conservatory of Music and the University of Minnesota. An esteemed teacher, Pierre Vallet has served on the faculties of Chicago's Ravinia Festival, the Tanglewood Music Center, the International Vocal Arts Institute and The Juilliard School.

As a pianist, Vallet has appeared onstage accompanying such artists as mezzo-soprano Denyce Graves, baritone Dmitri Hvorostovsky, and sopranos Ying Huang and Maria Guleghina, to name a few. Among his performance credits are New York's Lincoln Center, The White House in Washington, DC, Fort Worth's Van Cliburn Concert Series and Boston's Isabella Stewart Gardner Museum Concert Series.

About the Diction Recordings

Veteran diction coach and conductor Pierre Vallet is a native French speaker accustomed to working with professional and student classical singers. This book/CD package allows a student access to French diction coaching at the highest level.

There are two recordings of each song text. First, the coach recites the poem. A singer can hear the mood of the text and the flow of the language. It is important to remember that this poem is what inspired the composer to write an art song setting. Spoken diction is used in the recitation, including the guttural "R" sound in French. However, even in the recitation the coach is aware of how the words were set to music.

Next, the coach has recorded the text line-by-line, without expression, leaving time for the repetition of each phrase. In this slow version the guttural "R" sound has been adapted to the flipped "R" recommended for classical singers. Other small adjustments have been made relevant to the manner in which the words are set to music.

To achieve the best artistic results, it is crucial that the singer spends time with the poem apart from singing it, not only mastering diction to the point of fluency, but also in contemplating the words and learning to express their meanings. Is there an implied character speaking the poem? Only after a singer has pondered the words can she or he appreciate and discern how the composer interpreted the poetry, which is the heart of what art song is.

Richard Walters
editor

Villanelle

music: Hector Berlioz
text: Théophile Gautier

vi la nɛl
Villanelle
Villanella

kɑ̃	vjɛ̃ dra	la	sɛ zõ	nu vɛ lə
Quand	**viendra**	**la**	**saison**	**nouvelle,**
when	will come	the	season	new

kɑ̃‿	to rõ	di spa ry	lɛ	frwa
quand	**auront**	**disparu**	**les**	**froids,**
when	will have	disappeared	the	colds

tu	lɛ	dø		nu‿	zi rõ	ma	bɛ lə
tous	**les**	**deux**		**nous**	**irons,**	**ma**	**belle,**
all	the	two (*idiom:* = both)		we	will go	my	beauty

pur	kœ jir	lœ	my gɛ		o	bwɑ
pour	**cueillir**	**le**	**muguet**		**aux**	**bois;**
for	to gather	the	lily of the valley		in the	woods

su	no	pje	e grœ nɑ̃	lɛ	pɛr lə
sous	**nos**	**pieds**	**égrenant**	**les**	**perles**
beneath	our	feet	felling	the	pearls

kœ	lõ	vwa	o	ma tɛ̃	trɑ̃ ble
que	**l'on**	**voit**	**au**	**matin**	**trembler,**
which	the one	sees	in the	morning	to tremble

nu‿	zi rõ‿	ze ku te	lɛs	mɛr lə	si fle
nous	**irons**	**écouter**	**les**	**merles**	**siffler!**
we	will go	to listen to	the	blackbirds	to whistle

lœ	prɛ̃ tɑ̃	ɛ	vœ ny	ma	bɛ lə
Le	**printemps**	**est**	**venu,**	**ma**	**belle;**
the	spring	is	come	my	beauty

sɛ	lœ	mwɑ	dɛ‿	za mɑ̃	be ni
c'est	**le**	**mois**	**des**	**amants**	**béni,**
it is	the	month	of	lovers	blessed

e	lwa zo	sa ti nɑ̃		sõ‿	nɛ lə
et	**l'oiseau,**	**satinant**		**son**	**aile,**
and	the bird	making satiny		its	wing

di	sɛ	vɛr	o	rœ bɔr	dy	ni
dit	**ses**	**vers**	**au**	**rebord**	**du**	**nid.**
tells	its	verses	at the	edge	of the	nest

o	vjɛ̃	dõ	syr	sœ	bɑ̃	dœ	mu sə
Oh,	**viens,**	**donc,**	**sur**	**ce**	**banc**	**de**	**mousse,**
oh	come	then	upon	this	bank	of	moss

pur	par le	dœ	no	bo‿	za mur
pour	**parler**	**de**	**nos**	**beaux**	**amours,**
for	to speak	of	our	beautiful	loves

e	di mwa	dœ	ta	vwa	si	du sə	tu ʒur
et	**dis-moi**	**de**	**ta**	**voix**	**si**	**douce:**	**toujours!**
and	say to me	in	your	voice	so	sweet	always

lwɛ̃	bjɛ̃	lwɛ̃	e ga rɑ̃		no	kur sə
Loin,	**bien**	**loin,**	**égarant**		**nos**	**courses,**
far	indeed	far	straying from		our	paths

fœ zɑ̃   fɥir   lœ   la pɛ̃   ka ʃe
faisant   **fuir**   **le**   **lapin**   **caché,**
making   to flee   the   rabbit   concealed

e   lœ   dɛ̃   o   mi rwar   dɛ   sur sə
et   **le**   **daim**   **au**   **miroir**   **des**   **sources**
and   the   fallow deer   in the   mirror   of the   springs

ad mi rɑ̃   sõ   grɑ̃   bwɑ   pɑ̃ ʃe
admirant   **son**   **grand**   **bois**   **penché;**
admiring   its   great   antlers   inclined

pɥi   ʃe   nu   tu‿   tœ rø   tu‿   tɛ zə
puis   **chez**   **nous,**   **tout**   **heureux,**   **tout**   **aises,**
then   at home   ours   all   happy   all   at ease

ɑ̃   pa nje   ɑ̃ la sɑ̃   no   dwa
en   **paniers,**   **enlaçant**   **nos**   **doigts,**
in   baskets   in enlacing   our   fingers

rœ vœ nõ   ra pɔr tɑ̃   dɛ   frɛ zœ   dɛ   bwɑ
revenons,   **rapportant**   **des**   **fraises**   **des**   **bois!**
let us return   bringing back   (of)   strawberries   from the   woods

Chanson d'avril

music: Georges Bizet
text: Louis Bouilhet

ʃɑ̃ sõ   da vril
Chanson   **d'avril**
song   of April

lɛ vœ twa   lœ   prɛ̃ tɑ̃   vjɛ̃   dœ   nɛ trə
Lève-toi!   **le**   **printemps**   **vient**   **de**   **naître!**
get (yourself) up   the   spring   comes   (of)   to be born

la bɑ   syr   lɛ   va lõ   flɔ‿   tœ   re so   vɛr mɛ jə
Là-bas,   **sur**   **les**   **vallons,**   **flotte**   **un**   **réseau**   **vermeil!**
over there   over   the   dales   floats   a   net   vermilion

tu   fri sɔ‿   no   ʒar dɛ̃   tu   ʃɑ̃‿   te   ta   fœ nɛ trə
Tout   **frissonne**   **au**   **jardin,**   **tout**   **chante,**   **et**   **ta**   **fenêtre,**
everything   thrills with delight   in the   garden   everything   sings   and   your   window

kɔ‿   mœ   re gar   ʒwa jø   ɛ   plɛ nœ   dœ   so lɛj
comme   **un**   **regard**   **joyeux,**   **est**   **pleine**   **de**   **soleil!**
like   a   joyous   glance   is   full   of   sun

dy   ko te   dɛ   li lɑ   o   tu fœ   vi ɔ lɛ tə
Du   **côté**   **des**   **lilas**   **aux**   **touffes**   **violettes,**
by the   side   of the   lilacs   with   clusters   purple

mu ʃœ‿   ze   pa pi jõ   brɥi sœ‿   ta la fwa
mouches   **et**   **papillons**   **bruissent**   **à la fois**
flies   and   butterflies   hum   at the (same) time

e   lœ   my gɛ   so va ʒə   e brɑ̃ lɑ̃   sɛ   klɔ ʃɛ tə
et   **le**   **muguet**   **sauvage,**   **ébranlant**   **ses**   **clochettes,**
and   the   lily of the valley   wild   ringing   its   little bells

a   re vɛ je   la mu‿   rɑ̃ dɔr mi   dɑ̃   lɛ   bwɑ
a   réveillé   l'amour   endormi   dans   les   bois!
has   awakened   the love   asleep   in   the   woods

pɥi ska vril   a   sœ me   sɛ   mar gœ ri tœ   blɑ̃ ʃə
Puisqu'avril   a   semé   ses   marguerites   blanches,
since April   has   sown   its   daisies   white

lɛ sœ   ta   mɑ̃ tœ   lur‿   de   tõ   mɑ̃ ʃõ   fri lø
laisse   ta   mante   lourde   et   ton   manchon   frileux;
put aside   your   cloak   heavy   and   your   muff   cosy

de ʒa   lwa zo   ta pɛ‿   le   tɛ   sœr   lɛ   pɛr vɑ̃ ʃə
déjà   l'oiseau   t'appelle,   et   tes   sœurs   les   pervenches
already   the bird   you calls   and   your   sisters   the   periwinkles

tœ   su ri rõ   dɑ̃   lɛr‿   bɑ̃   vwa jɑ̃ tɛ‿   zjø   blø
te   souriront   dans   l'herbe   en   voyant   tes   yeux   bleus!
to you   will smile   in   the grass   in   seeing   your   eyes   blue

vjɛ̃   par tõ   o   ma tɛ̃   la   sɛr   sɛ   ply   lɛ̃ pi də
Viens,   partons!   au   matin,   la   source   est   plus   limpide;
come   let us go   in the   morning   the   spring   is   more   limpid

lɛ vœ twa   vjɛ̃   par tõ
Lève-toi!   Viens,   partons!
get (yourself) up   come   let us go

na tɑ̃ dõ   pɑ   dy   ʒur   lɛ   bry lɑ̃ tœ   ʃa lœr
N'attendons   pas   du   jour   les   brûlantes   chaleurs;
not let us await   (not)   of the   day   the   burning   heats

ʒœ   vø   mu je   mɛ   pje   dɑ̃   la   ro ze   y mi də
je   veux   mouiller   mes   pieds   dans   la   rosée   humide,
I   want   to moisten   my   feet   in   the   dew   damp

e   tœ   par le   da mur   su   lɛ   pwa rje‿   zɑ̃   flœr
et   te   parler   d'amour   sous   les   poiriers   en   fleurs!
and   to you   to speak   of love   beneath   the   pear trees   in   flower

Guitare
music: Georges Bizet
text: Victor Hugo

gi tar
Guitare
guitar

[tra   la   la   la   la   la]
[Tra   la   la   la   la   la,]
[tra   la   la   la   la   la]

kɔ mɑ̃   di zɛ‿ til
Comment,   disaient-ils,
how   said they (males)

a vɛk   no   na sɛ lœ
avec   nos   nacelles,
with   our   skiffs

fɥir   lɛ‿   zal gwa zil
fuir   les   alguazils?
to avoid   the   alguazils

ra me   di zɛ‿ tɛ lœ
—Ramez,   disaient-elles.
row   said they (females)

kɔ mã   di zɛ‿ til
Comment,   **disaient-ils,**
how   said they

u bli e   kœ rɛ lœ
oublier   **querelles,**
to forget   quarrels

mi zɛ‿   re   pe ril
misère   **et**   **périls?**
poverty   and   perils

dɔr me   di zɛ‿ tɛ lœ
—Dormez,   **disaient-elles.**
sleep   said they

kɔ mã   di zɛ‿ til
Comment,   **disaient-ils,**
how   said they

ã ʃã te   lɛ   bɛ lœ
enchanter   **les**   **belles**
to enchant   the   beautiful women

sã   fil trœ   syp til
sans   **philtres**   **subtils?**
without   love philters   artful

ɛ me   di zɛ‿ tɛ lœ
—Aimez,   **disaient-elles.**
love   said they

Ouvre ton cœur

music: Georges Bizet
text: Louis Delâtre

u vrœ   tõn   kœr
Ouvre   **ton**   **cœur**
open   your   heart

la   mar gœ ri‿   ta   fɛr me   sa   kɔ rɔ lœ
La   **marguerite**   **a**   **fermé**   **sa**   **corolle,**
the   daisy   has   closed   her   corolla

lõ‿   bra   fɛr me   lɛ‿   zjø   dy   ʒur
l'ombre   **a**   **fermé**   **les**   **yeux**   **du**   **jour.**
the shade   has   closed   the   eyes   of the   day

bɛ lœ   mœ   tjɛ̃ dra ty   pa rɔ lœ
Belle,   **me**   **tiendras-tu**   **parole?**
beautiful one   to me   will keep – you   word

u vrœ   tõn   kœ‿   ra   mõ‿   na mur
Ouvre   **ton**   **cœur**   **à**   **mon**   **amour.**
open   your   heart   to   my   love

u vrœ   tõn   kœr   o   ʒœ‿   nã‿   ʒa   ma   flɑ mœ
Ouvre   **ton**   **cœur,**   **ô**   **jeune**   **ange,**   **à**   **ma**   **flamme,**
open   your   heart   o   young   angel   to   my   passion

kœ̃   rɛ vœ   ʃar mœ   tõ   sɔ mɛj
qu'un   **rêve**   **charme**   **ton**   **sommeil.**
that in   dream   it may charm   your   slumber

ʒœ   vø   ræ prã drœ   mõ‿   nɑ mœ
Je   veux   reprendre   mon   âme,
I   want   to revive   my   soul

kɔ‿   my nœ   flœr   su‿   vro   sɔ lɛj
comme   une   fleur   s'ouvre   au   soleil!
like   a   flower   opens   to the   sun

Les cigales

music: Emmanuel Chabrier
text: Rosemond Gérard

lɛ   si gal
Les   cigales
the   cicadas

lœ   sɔ lɛj   ɛ   drwa   syr   la   sã tə
Le   soleil   est   droit   sur   la   sente,
the   sun   is   directly   over   the   path

lõ brœ   blø i   su   le   fi gje
l'ombre   bleuit   sous   les   figuiers,
the shadow   turns blue   under   the   fig trees

sɛ   kri‿   zo   lwɛ̃   myl ti pli e
ces   cris   au   loin   multipliés,
those   cries   in the   distance   multiplied

sɛ   mi di   sɛ   mi di   ki   sã tə
c'est   Midi,   c'est   Midi   qui   chante!
it is   noon   it is   noon   which   sings

su   la strœ   ki   kõ dɥi   lœ   kœr
Sous   l'astre   qui   conduit   le   chœur,
beneath   the heavenly body [sun]   which   leads   the   choir

lɛ   ʃɑ tø zœ   di si my le œ
les   chanteuses   dissimulées
the   singers   hidden

ʒɛ tœ   lœr   ro kœ‿   zy ly le ə
jettent   leurs   rauques   ululées,
emit   their   raucous   wails

dœ   kɛ‿   lɛ̃ fa ti ga blœ   kœr
de   quel   infatigable   cœur!
from   what (an)   indefatigable   heart

lɛ   si ga lœ   sɛ   bɛ sti ɔ lœ
Les   cigales,   ces   bestioles,
the   cicadas   those   tiny beasts

õ   ply   dɑ mœ   kœ   le   vi ɔ lœ
ont   plus   d'âme   que   les   violes,
have   more   (of) soul   than   the   viols

lɛ   si ga lœ   lɛ   si ga lõ
les   cigales,   les   cigalons,
the   cicadas   the   little cacadas

ʃã tœ   mjø   kœ   le   vi ɔ lõ
chantent   mieux   que   les   violons!
sing   better   than   the   violins

sã   dɔ nœ‿   tɛ lœ   le   si ga lœ
S'en   donnent   elles,   les   cigales,
themselves to it   they devote   (they)   the   cacadas

syr lɛ tɑ dœ pu sje rœ gri
sur les tas de poussière gris,
on the heaps of dust gray

su lɛ‿ zɔ li vje ra bu gri
sous les oliviers rabougris,
beneath the olive trees stunted

e twa le dœ flœ rɛ tœ pɑ lœ
étoilés de fleurettes pâles.
star-studded with flowerets pale

e gri zœ dœ ʃɑ te‿ rɛ̃ si
Et grises de chanter ainsi,
and intoxicated by singing thus

ɛ lœ fõ lœr my zi kœ fɔ lœ
elles font leur musique folle;
they make their music maniacal

e tu ʒur lœr ʃɑ sõ sɑ̃ vɔ lœ
et toujours leur chanson s'envole
and always their song takes off

dɛ tu fœ dy gɑ zõ ru si
des touffes du gazon roussi!
from the tufts of the grass turned brown

lɛ si ga lœ sɛ bɛ sti ɔ lœ
Les cigales, ces bestioles,
the cicadas those tiny beasts

õ ply dɑ mœ kœ lɛ vi ɔ lœ
ont plus d'âme que les violes,
have more (of) soul than the viols

lɛ si ga lœ lɛ si ga lõ
les cigales, les cigalons,
the cicadas the little cacadas

ʃɑ tœ mjø kœ lɛ vi ɔ lõ
chantent mieux que les violons!
sing better than the violins

o ry strœ‿ ze par dɑ̃ lœ ʃo mœ
Aux rustres épars dans le chaume,
on the rustics scattered in the stubble

lœ grɑ̃‿ ta strœ tɔ rɑ̃ si ɛl
le grand astre torrentiel,
the great sun torrential

a lar ʒœ flo dy o dy sjɛl
à larges flots, du haut du ciel,
in large waves from the height of the heaven

vɛr sœ lœ sɔ mɛj e sõ bo mœ
verse le sommeil et son baume.
pours the sleep and its balm

tu‿ tɛ mɔr rjɛ̃ nœ brɥi ply
Tout est mort, rien ne bruit plus
all is dead nothing not makes noise other

kɛ lə tu ʒur lɛ fɔr sœ ne ə
qu'elles, toujours, les forcenées
than they always the frantic ones

ɑ̃ trœ lɛ nɔ tœ‿ ze grœ ne
entre les notes égrenées
between the notes scattered

dœ	kɛl kœ	lwɛ̃ tɛ‿	nɑ̃ ʒe lys
de	**quelque**	**lointain**	**angélus!**
of	some	distant	angelus bell

lɛ	si ga lœ	sɛ	bɛ sti ɔ lœ
Les	**cigales,**	**ces**	**bestioles,**
the	cicadas	those	tiny beasts

ɔ̃	ply	dɑ mœ	kœ	lɛ	vi ɔ lœ
ont	**plus**	**d'âme**	**que**	**les**	**violes,**
have	more	(of) soul	than	the	viols

lɛ	si ga lœ	lɛ	si ga lɔ̃
les	**cigales,**	**les**	**cigalons,**
the	cicadas	the	little cacadas

ʃɑ̃ tœ	mjø	kœ	lɛ	vi ɔ lɔ̃
chantent	**mieux**	**que**	**les**	**violons!**
sing	better	than	the	violins

Villanelle des petits canards

music: Emmanuel Chabrier
text: Rosemond Gérard

vi la nɛl	dɛ	pœ ti	ka nar
Villanelle	**des**	**petits**	**canards**
Villanella	of the	little	ducks

il	vɔ̃	lɛ	pœ ti	ka nar
Ils	**vont,**	**les**	**petits**	**canards,**
they	go	the	little	ducks

tu‿	to	bɔr	dœ	la	ri vjɛ rœ
tout	**au**	**bord**	**de**	**la**	**rivière,**
all	at the	side	of	the	river

kɔ mœ	dœ	bɔ̃	kɑ̃ pa ɲar
comme	**de**	**bons**	**campagnards!**
like	(of)	good	countrymen

bar bɔ tœr	e	fre ti jar
Barboteurs	**et**	**frétillards,**
paddlers	and	wrigglers

œ rø	dœ	tru ble	lo	klɛ rə
heureux	**de**	**troubler**	**l'eau**	**claire,**
happy	(of)	to muddy	the water	clear

il	vɔ̃	lɛ	pœ ti	ka nar
ils	**vont,**	**les**	**petits**	**canards,**
they	go	the	little	ducks

il	sɑ̃ blœ‿	tœ̃	pø	ʒɔ bar
ils	**semblent**	**un**	**peu**	**jobards,**
they	seem	a	little	naïve

mɛ‿	zil	sɔ̃‿	ta lœ‿ ra fɛ rə
mais	**ils**	**sont**	**à leur affaire,**
but	they	are	at their business (*idiom:* = in their element)

kɔ mœ	dœ	bɔ̃	kɑ̃ pa ɲar
comme	**de**	**bons**	**campagnards!**
like	(of)	good	countrymen

dã	lo	plɛ nœ	dœ	tɛ tar
Dans	**l'eau**	**pleine**	**de**	**têtards,**
in	the water	full	of	tadpoles

u	trã‿	bly‿	nɛr bœ	le ʒɛ rə
où	**tremble**	**une**	**herbe**	**légère,**
where	trembles	a	weed	delicate

il	võ	lɛ	pœ ti	ka nar
ils	**vont,**	**les**	**petits**	**canards,**
they	go	the	little	ducks

mar ʃã	par	gru pœ‿	ze par
marchant	**par**	**groupes**	**épars,**
walking	in	groups	scattered

dy‿	na ly rœ	re gy ljɛ rœ
d'une	**allure**	**régulière,**
with a	gait	regular

kɔ mœ	dœ	bõ	kã pa ɲar
comme	**de**	**bons**	**campagnards!**
like	(of)	good	countrymen

dã	lœ	bo	vɛr	de pi nar
Dans	**le**	**beau**	**vert**	**d'épinards**
in	the	beautiful	green	of spinach

dœ	ly mi dœ	krɛ sɔ njɛ rə
de	**l'humide**	**cressonnière,**
of	the moist	watercress bed

il	võ	lɛ	pœ ti	ka nar
ils	**vont,**	**les**	**petits**	**canards,**
they	go	the	little	ducks

e	kwa kœ̃	pø	gɔ gœ nar
et	**quoiqu'un**	**peu**	**goguenards,**
and	although a	little	taunting

il	sõ	dy mœr	de bɔ nɛ rœ
ils	**sont**	**d'humeur**	**débonnaire**
they	are	of spirit	good-natured

kɔ mœ	dœ	bõ	kã pa ɲar
comme	**de**	**bons**	**campagnards!**
like	(of)	good	countrymen

fœ zã	ã	sɛr klœ	ba var
Faisant,	**en**	**cercles**	**bavards,**
making	in	circles	chattering

œ̃	vrɛ	brɥi	dœ	pe to djɛ rə
un	**vrai**	**bruit**	**de**	**pétaudière,**
a	real	noise	of	disorder

il	võ	lɛ	pœ ti	ka nar
ils	**vont,**	**les**	**petits**	**canards,**
they	go	the	little	ducks

dɔ dy	ly stre‿	ze	ga jar
dodus,	**lustrés**	**et**	**gaillards,**
plump	glossy	and	lively

il	sõ	ge‿	za	lœr	ma njɛ rœ
ils	**sont**	**gais**	**à**	**leur**	**manière,**
they	are	merry	in	their	manner

kɔ mœ	dœ	bõ	kã pa ɲar
comme	**de**	**bons**	**campagnards!**
like	(of)	good	countrymen

a mu rø   e   na zi jar
Amoureux   **et**   **nasillards,**
amorous   and   nasal

ʃa kœ̃   a vɛk   sa   kɔ mɛ rə
chacun   **avec**   **sa**   **commère,**
each   with   her   crony

il   võ   lɛ   pœ ti   ka nar
ils   **vont,**   **les**   **petits**   **canards,**
they   go   the   little   ducks

kɔ mœ   dœ   bõ   kɑ̃ pa ɲar
comme   **de**   **bons**   **campagnards!**
like   (of)   good   countrymen

Hébé

music: Ernest Chausson
text: Louise Ackermann

e be
Hébé
Hébé

lɛ‿   zjø   bɛ se   ru ʒi sɑ̃‿   te   kɑ̃ di dœ
Les   **yeux**   **baissés,**   **rougissante**   **et**   **candide,**
the   eyes   lowered   blushing   and   ingenuous

vɛr   lœr   bɑ̃ kɛ   kɑ̃t   e be   sa vɑ̃ sɛ
vers   **leur**   **banquet,**   **quand**   **Hébé**   **s'avançait,**
toward   their   banquet   when   Hébé   approached

lɛ   djø   ʃar me   tɑ̃ dɛ   lœr   ku pœ   vi dœ
les   **Dieux**   **charmés**   **tendaient**   **leur**   **coupe**   **vide,**
the   Gods   charmed   held out   their   cup   empty

e   dœ   nɛk tar   lɑ̃ fɑ̃   la   rɑ̃ pli sɛ
et   **de**   **nectar**   **l'enfant**   **la**   **remplissait.**
and   with   nectar   the child   it   refilled

nu   tus   o si   kɑ̃   pɑ sœ   la   ʒœ nɛ sœ
Nous   **tous**   **aussi,**   **quand**   **passe**   **la**   **jeunesse,**
we   all   also   when   passes   the   youth

nu   lɥi   tɑ̃ dõ   nɔ trœ   ku‿   pa   lɑ̃ vi
nous   **lui**   **tendons**   **notre**   **coupe**   **à**   **l'envi.**
we   to her   hold out   our   cup   at   the longing

kɛ‿   lɛ   lœ   vɛ̃   ki   vɛr sœ   la   de ɛ sœ
Quel   **est**   **le**   **vin**   **qu'y**   **verse**   **la**   **Déesse?**
what   is   the   wine   that there   pours   the   Goddess

nu   li ɲɔ rõ   i‿   lɑ̃ ni‿   vre   ra vi
Nous   **l'ignorons;**   **il**   **enivre**   **et**   **ravit.**
we   it are ignorant of   it   intoxicates   and   ravishes

ɛ jɑ̃   su ri   dɑ̃   sa   grɑ‿   si mɔr tɛ lə
Ayant   **souri**   **dans**   **sa**   **grâce**   **immortelle,**
having   smiled   in   her   grace   immortal

e be   se lwa ɲœ   õ   la   ra pɛ‿   lɑ̃   vɛ̃
Hébé   **s'éloigne;**   **on**   **la**   **rappelle**   **en**   **vain.**
Hébé   withdraws   one   her   calls   in   vain

lõ tã‿		zã kɔr	syr	la	ru‿	te tɛr nɛ lœ	
Longtemps		**encor,**	**sur**	**la**	**route**	**éternelle,**	
a long time		more	on	the	path	eternal	

nɔ‿	trœ‿	jã	plœr	sɥi	le ʃã sõ	di vẽ
notre	**œil**	**en**	**pleurs**	**suit**	**l'échanson**	**divin.**
our	eye	in	tears	follows	the cup-bearer	divine

Le charme

music: Ernest Chausson
text: Armand Silvestre

lə	ʃarm
Le	**charme**
the	charm

kã	tõ	su ri rœ	mœ	syr pri
Quand	**ton**	**sourire**	**me**	**surprit,**
when	your	smile	me	caught unawares

ʒœ	sã ti	fre mir	tu‿	mõ‿	nɛ trœ
je	**sentis**	**frémir**	**tout**	**mon**	**être,**
I	felt	to tremble	all	my	being

mɛ	sœ	ki	dõ tɛ	mõ‿	nɛ spri
mais	**ce**	**qui**	**domptais**	**mon**	**esprit**
but	that	which	subdued	my	spirit

ʒœ	nœ	py	da bɔr	lœ	kɔ nɛ trœ
je	**ne**	**pus**	**d'abord**	**le**	**connaître.**
I	not	was able	at first	it	to know

kã	tõ	rœ gar	tõ ba	syr	mwa
Quand	**ton**	**regard**	**tomba**	**sur**	**moi,**
when	your	glance	fell	upon	me

ʒœ	sã ti	mõ‿	nɑ mœ	sœ fõ drœ
je	**sentis**	**mon**	**âme**	**se fondre,**
I	felt	my	soul	to melt

mɛ	sœ	kœ	sœ rɛ	sɛ‿	te mwa
mais	**ce**	**que**	**serait**	**cet**	**émoi,**
but	that	which	would be	this	emotion

ʒœ	nœ	py	da bɔ‿	rã	re põ drœ
je	**ne**	**pus**	**d'abord**	**en**	**répondre.**
I	not	was able	at first	to it	to respond

sœ	ki	mœ	vẽ ki‿	ta ʒa mɛ
Ce	**qui**	**me**	**vainquit**	**à jamais,**
that	which	me	vanquished	forever

sœ	fy‿	tœ̃	ply	du lu rø	ʃar mœ
ce	**fut**	**un**	**plus**	**douloureux**	**charme,**
that	was	a	more	sorrowful	charm

e	ʒœ	ne	sy	kœ	ʒœ	tɛ mɛ
et	**je**	**n'ai**	**su**	**que**	**je**	**t'aimais,**
and	I	only have	known	that	I	you loved

kã	vwa jã	ta	prœ mjɛ rœ	lar mœ
qu'en	**voyant**	**ta**	**première**	**larme.**
(when) in	seeing	your	first	tear

Le colibri

music: Ernest Chausson
text: Charles-Marie-René Leconte de Lisle

lə	kɔ li bri
Le	**colibri**
the	hummingbird

lœ	vɛr	kɔ li bri	lœ	rwa	dɛ	kɔ li nœ
Le	**vert**	**colibri,**	**le**	**roi**	**des**	**collines,**
the	green	hummingbird	the	king	of the	hills

vwa jã	la	ro se	e	lœ	sɔ lɛj	klɛr
voyant	**la**	**rosée**	**et**	**le**	**soleil**	**clair**
seeing	the	dew	and	the	sun	bright

lɥi rœ	dã	sõ	ni	ti se	dɛr bœ	fi nœ
luire	**dans**	**son**	**nid**	**tissé**	**d'herbes**	**fines,**
to shine	into	his	nest	woven	of grasses	fine

kɔ‿	mœ̃	frɛ	rɛ jõ	se ʃa pœ	dã	lɛr
comme	**un**	**frais**	**rayon**	**s'échappe**	**dans**	**l'air.**
like	a	fresh	ray of light	he breaks loose	into	the air

il	sœ ɑ‿	te	vɔ‿ lo	sur sœ	vwa zi nœ
Il	**se hâte**	**et**	**vole aux**	**sources**	**voisines,**
he	hurries	and	flies to the	springs	neighboring

u	lɛ	bã bu	fõ	lœ	brɥi	dœ	la	mɛr
où	**les**	**bambous**	**font**	**le**	**bruit**	**de**	**la**	**mer,**
where	the	bamboos	make	the	sound	of	the	sea

u	la sɔ ka	ru‿	ʒɔ‿	zo dœr	di vi nœ
où	**l'açoka**	**rouge,**	**aux**	**odeurs**	**divines,**
where	the hibiscus	red	with the	fragrances	divine

su‿	vre	pɔr‿	to	kœ‿	rœ̃‿	ny mi‿	de klɛr
s'ouvre	**et**	**porte**	**au**	**cœur**	**un**	**humide**	**éclair.**
opens	and	bears	to the	heart	a	dewy	flash of light

vɛr	la	flœr	dɔ re	il	de sã	sœ po zœ
Vers	**la**	**fleur**	**dorée**	**il**	**descend,**	**se pose,**
toward	the	flower	gilded	he	descends	alights

e	bwa	tã	da mur	dã	la	ku pœ	ro sœ
et	**boit**	**tant**	**d'amour**	**dans**	**la**	**coupe**	**rose**
and	drinks	so much	(of) love	in	the	cup	rosy

kil	mœr	nœ	sa ʃã	sil	la	py	ta rir
qu'il	**meurt,**	**ne**	**sachant**	**s'il**	**l'a**	**pu**	**tarir.**
that he	dies	not	knowing	if he	it has	been able	to exhaust

syr	ta	lɛ vrœ	py rœ	o	ma	bjɛ̃‿ nɛ me ə
Sur	**ta**	**lèvre**	**pure,**	**ô**	**ma**	**bien-aimée,**
upon	the	lip	pure	o	my	beloved one

tɛ‿	lo si	mõ‿	nɑ‿	my	vu ly	mu rir
telle	**aussi**	**mon**	**âme**	**eut**	**voulu**	**mourir**
likewise	also	my	soul	had	wanted	to die

dy	prœ mje	be ze	ki	la	par fy me œ
du	**premier**	**baiser**	**qui**	**l'a**	**parfumée!**
of the	first	kiss	which	it has	perfumed

Le temps des lilas

music: Ernest Chausson
text: Maurice Bouchor

lœ	tɑ̃	dɛ	li lɑ	e	lœ	tɑ̃	dɛ	ro zœ
Le	**temps**	**des**	**lilas**	**et**	**le**	**temps**	**des**	**roses**
the	time	of	lilacs	and	the	time	of	roses

nœ	rœ vjɛ̃ dra	ply	a	sœ	prɛ̃ tɑ̃ si
ne	**reviendra**	**plus**	**à**	**ce**	**printemps-ci;**
not	will return	more	to	this	spring-here

lœ	tɑ̃	dɛ	li lɑ	e	lœ	tɑ̃	dɛ	ro zœ
le	**temps**	**des**	**lilas**	**et**	**le**	**temps**	**des**	**roses**
the	time	of	lilacs	and	the	time	of	roses

ɛ	pɑ se	lœ	tɑ̃	dɛ‿	zœ jɛ‿	zo si
est	**passée,**	**le**	**temps**	**des**	**œillets**	**aussi.**
is	past	the	time	of	carnations	also.

lœ	vɑ̃	a	ʃɑ̃ ʒe	lɛ	sjø	sõ	mɔ ro zœ
Le	**vent**	**a**	**changé,**	**les**	**cieux**	**sont**	**moroses,**
the	wind	has	changed	the	skies	are	gloomy

e	nu	ni rõ	ply	ku rir	e	kœ jir
et	**nous**	**n'irons**	**plus**	**courir,**	**et**	**cueillir**
and	we	not will go	more	to seek	and	to gather

lɛ	li lɑ‿	zɑ̃	flœr	e	lɛ	bɛ lœ	ro zœ
les	**lilas**	**en**	**fleur**	**et**	**les**	**belles**	**roses;**
the	lilacs	in	flower	and	the	beautiful	roses

lœ	prɛ̃ tɑ̃	ɛ	tri‿	ste	nœ	pø	flœ rir
le	**printemps**	**est**	**triste**		**et**	**ne**	**peut**	**fleurir.**
the	spring	is	sad		and	not	is able	to blossom

o	ʒwa jø‿	ze	du	prɛ̃ tɑ̃	dœ	la ne ə
Oh!	**joyeux**	**et**	**doux**	**printemps**	**de**	**l'année,**
oh	joyous	and	sweet	spring	of	the year

ki	vɛ̃	lɑ̃	pɑ se	nu‿	zɑ̃ sɔ lɛ je
qui	**vins,**	**l'an**	**passé,**	**nous**	**ensoleiller,**
which	came	the year	past	us	to shine upon

nɔ trœ	flœr	da mu‿	rɛ	si	bjɛ̃	fa ne œ
notre	**fleur**	**d'amour**	**est**	**si**	**bien**	**fanée,**
our	flower	of love	is	so	well	faded

lɑs	kœ	tõ	bɛ ze	nœ	pø	le vɛ je
las	**que**	**ton**	**baiser**	**ne**	**peut**	**l'éveiller!**
alas	that	your	kiss	not	is able	it to arouse

e	twa	kœ	fɛ ty	pɑs	dœ	flœr‿	ze klo sə
Et	**toi,**	**que**	**fais-tu?**	**pas**	**de**	**fleurs**	**écloses,**
and	you	what	do you	no	of	flowers	blooming

pwɛ̃	dœ	ge	sɔ lɛj	ni	dõ bra ʒœ	frɛ
point	**de**	**gai**	**soleil**	**ni**	**d'ombrages**	**frais;**
none	of	cheerful	sun	nor	of shades	cool

lœ	tɑ̃	dɛ	li lɑ	e	lœ	tɑ̃	dɛ	ro zœ
le	**temps**	**des**	**lilas**	**et**	**le**	**temps**	**des**	**roses**
the	time	of	lilacs	and	the	time	of	roses

a vɛk	nɔ‿	tra mu‿	rɛ	mɔr	a ʒa mɛ
avec	**notre**	**amour**	**est**	**mort**	**à jamais.**
with	our	love	is	dead	forever

Beau soir

music: Claude Debussy
text: Paul Bourget

bo	swar
Beau	**soir**
beautiful	evening

lɔr	sko	sɔ lɛj	ku ʃã	lɛ	ri vjɛ rœ	sõ	ro zœ
Lorsque au		**soleil**	**couchant**	**les**	**rivières**	**sont**	**roses,**
when at the		sun	setting	the	rivers	are	rosy

e	kœ̃	tjɛ dœ	fri sõ	kur	syr	lɛ	ʃã	dœ	ble
et	**qu'un**	**tiède**	**frisson**	**court**	**sur**	**les**	**champs**	**de**	**blé,**
and	when a	mild	shiver	runs	over	the	fields	of	corn

œ̃	kõ sɛj	de‿	trœ rø	sã blœ	sɔr tir	dɛ	ʃo zə
un	**conseil**	**d'être**	**heureux**	**semble**	**sortir**	**des**	**choses**
an	advice	(of) to be	happy	seems	to come out	from	things

e	mõ te	vɛr	lœ	kœr	tru ble
et	**monter**	**vers**	**le**	**cœur**	**troublé.**
and	to rise	toward	the	heart	troubled

œ̃	kõ sɛj	dœ	gut e	lœ	ʃar mœ	de‿	tro	mõ dœ
Un	**conseil**	**de**	**goûter**	**le**	**charme**	**d'être**	**au**	**monde**
an	advice	(of)	to relish	the	charm	of being	in the	world

sœ pã dã	kõ‿	nɛ	ʒœ‿	ne	kœ	lœ	swa‿	rɛ	bo
cependant	**qu'on**	**est**	**jeune**	**et**	**que**	**le**	**soir**	**est**	**beau,**
while	that one	is	young	and	that	the	evening	is	beautiful

kar	nu	nu zã na lõ	kɔ mœ	sã va	cɛ‿	tõ də
car	**nous**	**nous en allons,**	**comme**	**s'en va**	**cette**	**onde:**
for	we	we go away	as	goes away	this	water

ɛl	a	la	mɛr	nu	o	tõ bo
elle	**à**	**la**	**mer,**	**nous**	**au**	**tombeau.**
it	to	the	sea	we	to the	tomb

Les cloches

music: Claude Debussy
text: Paul Bourget

lɛ	klɔʃ
Les	**cloches**
the	bells

lɛ	fœ jœ	su vrɛ	syr	lœ	bɔr	dɛ	brã ʃœ
Les	**feuilles**	**s'ouvraient**	**sur**	**le**	**bord**	**des**	**branches,**
the	leaves	opened	on	the	edge	of the	branches

de li ka tœ mã
délicatement,
delicately

lɛ	klɔ ʃœ	tẽ tɛ	le ʒɛ rœ‿	ze	frã ʃə
les	**cloches**	**tintaient,**	**légères**	**et**	**franches,**
the	bells	rang	light	and	clear

dã	lœ	sjɛl	kle mã
dans	**le**	**ciel**	**clément.**
in	the	sky	mild

rit mi‿ ke fɛr vã kɔ‿ my‿ nã ti ɛ nœ
Rythmique **et** **fervent** **comme** **une** **antienne,**
rhythmic and fervent like an anthem

sœ lwɛ̃ tɛ‿ na pɛl
ce **lointain** **appel**
that distant call

mœ rœ me mɔ rɛ la blã ʃœr kre tjɛ nœ
me **remémorait** **la** **blancheur** **chrétienne**
to me reminded me of the whiteness Christian

dɛ flœr dœ lo tɛl
des **fleurs** **de** **l'autel.**
of the flowers of the altar

sɛ klɔ ʃœ par lɛ dœ rø zœ‿ za ne œ
Ces **cloches** **parlaient** **d'heureuses** **années,**
those bells spoke of happy years

e dã lœ grã bwɑ
et **dans** **le** **grand** **bois,**
and in the great forest

sã blɛ rœ vɛr dir lɛ fœ jœ fa ne œ
semblaient **reverdir** **les** **feuilles** **fanées**
they seemed to turn green again the leaves withered

dɛ jur do trœ fwa
des **jours** **d'autrefois.**
of the days bygone

Mandoline

music: Claude Debussy
text: Paul Verlaine

mã dɔ lin
Mandoline
mandoline

lɛ dɔ nœr dœ se re na də
Les **donneurs** **de** **sérénades**
the givers of serenades

e lɛ bɛ lœ‿ ze ku tœ zə
et **les** **belles** **écouteuses,**
and the beautiful (female) listeners

e ʃã ʒœ dɛ prɔ po fa dœ
échangent **des** **propos** **fades**
exchange (of) talk banal

su lɛ ra my rœ ʃã tø zœ
sous **les** **ramures** **chanteuses.**
beneath the branches singing

sɛ tir si‿ se sɛ‿ ta mɛ̃ tœ
C'est **Tircis** **et** **c'est** **Aminte,**
it is Tircis and it is Aminte

e sɛ le tɛr nɛl kli tã drœ
et **c'est** **l'éternel** **Clitandre,**
and it is the eternal Clitandre

e	sε	da mis	ki		pur	mε̃ tœ
et	**c'est**	**Damis**	**qui**		**pour**	**mainte**
and	it is	Damis	who		for	many a

cry ε lœ		fε	mε̃	vεr	tɑ̃ drœ
cruelle		**fait**	**maint**	**vers**	**tendre.**
cruel one [woman]		creates	many a	verse	tender

lœr	kur tœ	vε stœ	dœ	swa
Leurs	**courtes**	**vestes**	**de**	**soie,**
their	short	jackets	of	silk

lœr	lõ gœ	rɔ bœ‿	za kø
leurs	**longues**	**robes**	**à queues,**
their	long	dresses	with trains

lœ‿	re le gɑ̃ sə	lœr	ʒwa
leur	**élégance,**	**leur**	**joie,**
their	elegance	their	joy

e	lœr	mɔ lœ‿	zõ brœ	blø
et	**leurs**	**molles**	**ombres**	**bleues,**
and	their	soft	shadows	blue

tur bi jɔ nœ	dɑ̃	lεk stɑ zə
Tourbillonnent	**dans**	**l'extase**
whirl	in	the ecstasy

dy nœ	ly nœ	ro‿	ze	gri zə
d'une	**lune**	**rose**	**et**	**grise,**
of a	moon	pink	and	gray

e	la	mɑ̃ dɔ li nœ	ʒa zœ
et	**la**	**mandoline**	**jase**
and	the	mandoline	chatters

par mi	lε	fri sõ	dœ	bri zœ
parmi	**les**	**frissons**	**de**	**brise.**
amidst	the	quiverings	of	breeze

[la	la	la	la	la	la]
[la,	**la,**	**la,**	**la,**	**la,**	**la…]**
[la	la	la	la	la	la]

Noël des enfants qui n'ont plus de maisons

music: Claude Debussy
text: Claude Debussy

nɔ εl		de‿	zɑ̃ fɑ̃	ki	nõ	ply	dœ	mε sõ
Noël		**des**	**enfants**	**qui**	**n'ont**	**plus**	**de**	**maisons**
Christmas carol		of the	children	who	not have	anymore	(of)	homes

nu	na võ	ply	dœ	mε sõ
Nous	**n'avons**	**plus**	**de**	**maisons!**
we	not have	anymore	(of)	homes

le‿	zε nœ mi‿	zõ	tu		pri
Les	**ennemis**	**ont**	**tout**		**pris,**
the	enemies	have	everything		taken

	tu		pri	tu		pri
	tout		**pris,**	**tout**		**pris,**
	everything		taken	everything		taken

	jys ka		nɔ trœ	pœ ti	li
	jusqu'à		**notre**	**petit**	**lit!**
	(even) up to		our	little	bed

il‿ zõ bry le le kɔ‿ le nɔ trœ mɛ‿ tro si
Ils **ont** **brûlé** **l'école** **et** **notre** **maître** **aussi.**
they have burned the school and our (school) master also

il‿ zõ bry le le gli‿ ze mœ sjø ʒe zu kri
Ils **ont** **brûlé** **l'église** **et** **monsieur** **Jésus-Christ**
they have burned the church and mister Jesus Christ

e lœ vjø po vrœ ki na pɑ py sɑ̃ na le
et **le** **vieux** **pauvre** **qui** **n'a** **pas** **pu** **s'en aller!**
and the old poor man who not has (not) been able to escape

nu na võ ply dœ mɛ sõ
Nous **n'avons** **plus** **de** **maisons!**
we not have anymore (of) homes

lɛ‿ ze nœ mi‿ zõ tu pri
Les **ennemis** **ont** **tout** **pris,**
the enemies have everything taken

tu pri tu pri
tout **pris,** **tout** **pris,**
everything taken everything taken

jys ka nɔ trœ pœ ti li
jusqu'à **notre** **petit** **lit!**
(even) up to our little bed

bjɛ̃ syr pa pa ɛ‿ ta la gɛ rœ
Bien **sûr!** **Papa** **est** **à** **la** **guerre,**
well sure papa is at the war

po vrœ ma mɑ̃ ɛ mɔr tœ
pauvre **maman** **est** **morte!**
poor mama is dead

a vɑ̃ da vwar vy tu sa
avant **d'avoir** **vu** **tout** **ça.**
before of to have seen all that

kɛ‿ skœ lõ va fɛ rœ
Qu'est-ce **que** **l'on** **va** **faire?**
what is it that the one is going to do

nɔ ɛl pœ ti nɔ ɛl na le pɑ ʃe‿ zø
Noël! **Petit** **Noël!** **N'allez** **pas** **chez** **eux,**
Christmas little (Father) Christmas not go (not) to the home(s) of them

na le ply ʒa mɛ ʃe‿ zø
n'allez **plus** **jamais** **chez** **eux.**
not go more ever to the home(s) of them

py ni se lɛ
Punissez-les!
punish them

vɑ̃ ʒe lɛ‿ zɑ̃ fɑ̃ dœ frɑ̃ sœ
Vengez **les** **enfants** **de** **France!**
avenge the children of France

lɛ pœ ti bɛl ʒœ lɛ pœ ti sɛr bœ
Les **petits** **Belges,** **les** **petits** **Serbes,**
the little Belgians the little Serbs

e lɛ pœ ti pɔ lɔ nɛ o si
et **les** **petits** **Polonais** **aussi!**
and the little Polish ones also

si nu‿ zɑ̃‿ nu bli õ par dɔ ne nu
Si **nous** **en** **oublions,** **pardonnez-nous.**
if we of any forget pardon us

nɔ ɛl	nɔ ɛl		syr tu	pɑ	dœ	ʒu ʒu
Noël!	**Noël!**		**surtout,**	**pas**	**de**	**joujoux,**
Christmas	(Father) Christmas		above all	not	of	toys

tɑ ʃe	dœ	nu	rœ dɔ ne		lœ	pɛ̃	kɔ ti djɛ̃
tâchez	**de**	**nous**	**redonner**		**le**	**pain**	**quotidien.**
try	(of)	to us	to give us again		the	bread	daily

nɔ ɛl		e ku te nu
Noël!		**écoutez-nous,**
(Father) Christmas		hear us

nu	na võ	ply	dœ	pœ ti	sa bo
nous	**n'avons**	**plus**	**de**	**petits**	**sabots:**
we	not have	anymore	(of)	little	wooden shoes

mɛ	dɔ ne	la	vik twa‿	ro‿	zɑ̃ fɑ̃	dœ	frɑ̃ sə
mais	**donnez**	**la**	**victoire**	**aux**	**enfants**	**de**	**France!**
but	give	the	victory	to the	children	of	France

Chanson triste

music: Henri Duparc
text: Jean Lahor

ʃɑ̃ sõ	trist
Chanson	**triste**
song	sad

dɑ̃	tõ	kœr	dɔ‿	rœ̃	klɛr	dœ	ly nœ
Dans	**ton**	**cœur**	**dort**	**un**	**clair**	**de**	**lune,**
in	your	heart	sleeps	a	light	of	moon

œ̃	du	klɛr	dœ	ly nœ	de te
un	**doux**	**clair**	**de**	**lune**	**d'été,**
a	soft	light	of	moon	of summer

e	pur	fɥir	la	vi	ɛ̃ pɔr ty nœ
et	**pour**	**fuir**	**la**	**vie**	**importune**
and	for	to escape	the	life	troublesome

ʒœ	mœ nwa re	dɑ̃	ta	klar te
je	**me noierai**	**dans**	**ta**	**clarté.**
I	myself will drown	in	your	glow

ʒu bli re	lɛ	du lœr	pɑ se œ
J'oublierai	**les**	**douleurs**	**passées,**
I will forget	the	sorrows	past

mõ‿	na mur	kɑ̃	ty‿	bɛr sœ ra
mon	**amour,**	**quand**	**tu**	**berceras**
my	love	when	you	will cradle

mõ	tri stœ	kœ‿	re	mɛ	pɑ̃ se œ
mon	**triste**	**cœur**	**et**	**mes**	**pensées,**
my	sad	heart	and	my	thoughts

dɑ̃	lœ	kal‿	mɛ mɑ̃	dœ	tɛ	bra
dans	**le**	**calme**	**aimant**	**de**	**tes**	**bras.**
in	the	peacefulness	loving	of	your	arms

ty	prɑ̃ dra	ma	tɛ tœ	ma la dœ
Tu	**prendras**	**ma**	**tête**	**malade**
you	will take	my	head	ailing

o	kɛl kœ fwa	syr	tɛ	ʒœ nu
oh!	**quelquefois**	**sur**	**tes**	**genoux,**
oh	sometimes	upon	your	knees

e	lɥi	di ra‿		zy nœ	ba la dœ
et	**lui**	**diras**		**une**	**ballade**
and	to it	you will tell		a	ballad

ki	sɑ̃ blœ ra	par le	dœ	nu
qui	**semblera**	**parler**	**de**	**nous.**
which	will seem	to speak	of	us

e	dɑ̃	tɛ‿	zjø	plɛ̃	dœ	tri stɛ sœ
Et	**dans**	**tes**	**yeux**	**pleins**	**de**	**tristesses,**
and	in	your	eyes	full	of	sadnesses

dɑ̃	tɛ‿	zjø	a lɔr	jœ	bwa re
dans	**tes**	**yeux**	**alors**	**je**	**boirai**
in	your	eyes	then	I	will drink

tɑ̃	dœ	bɛ ze	e	dœ	tɑ̃ drɛ sœ
tant	**de**	**baisers**	**et**	**de**	**tendresses**
so many	(of)	kisses	and	(of)	tendernesses

kœ	pø tɛ trœ	ʒœ	ge ri re
que,	**peut-être,**	**je**	**guérirai…**
that	perhaps	I	will get well

La vie antérieure

music: Henri Duparc
text: Charles Baudelaire

la	vi	ɑ̃ te jœr
La	**vie**	**antérieure**
the	life	former

ʒe	lõ tɑ̃‿	za bi te	su	dœ	vas tœ	pɔr ti kœ
J'ai	**longtemps**	**habité**	**sous**	**de**	**vastes**	**portiques**
I have	a long time	lived	beneath	(of)	vast	porticos

kœ	le	sɔ lɛj	ma rɛ̃	tɛ ɲe	dœ	mi lœ	fø
que	**les**	**soleils**	**marins**	**teignaient**	**de**	**mille**	**feux,**
which	the	suns	sea	colored	with	thousand	fires

e	kœ	lœr	grɑ̃	pi lje	drwa‿	ze	ma ʒɛ sty ø
et	**que**	**leurs**	**grands**	**piliers,**	**droits**	**et**	**majestueux,**
and	which	their	grand	columns	straight	and	majestic

rɑ̃ dɛ	pa rɛj	lœ	swar	o	grɔ tœ	ba zal ti kœ
rendaient	**pareils,**	**le**	**soir,**	**aux**	**grottes**	**basaltiques.**
made	similar	the	evening	to the	grottos	basaltic

lɛ	u lœ	ɑ̃	ru lɑ̃	lɛ‿	zi ma ʒœ	dɛ	sjø
Les	**houles,**	**en**	**roulant**	**les**	**images**	**des**	**cieux,**
the	sea surges	in	rolling along	the	reflections	of the	skies

mɛ lɛ	dy nœ	fa sõ	sɔ la nɛ‿	le	mi sti kə
mêlaient	**d'une**	**façon**	**solennelle**	**et**	**mystique**
mingled	in a	way	solemn	and	mystical

lɛ	tu pɥi sɑ̃	za kɔr	dœ	lœr	ri ʃœ	mu zi kə
les	**tout-puissants**	**accords**	**de**	**leur**	**riche**	**musique**
the	all-powerful	harmonies	of	their	rich	music

o	ku lœr	dy	ku ʃɑ̃	rœ fle te	par	mɛ	zjø
aux	**couleurs**	**du**	**couchant**	**reflété**	**par**	**mes**	**yeux.**
with the	colors	of the	sunset	reflected	by	my	eyes

sɛ	la	kœ	ʒe	ve ky	dɑ̃	lɛ	vɔ lyp te	kal mœ
C'est	**là**	**que**	**j'ai**	**vécu**	**dans**	**les**	**voluptés**	**calmes,**
It is	there	that	I have	lived	in	the	sensual pleasures	peaceful

o	mi ljø	dœ	la zyr	dɛ	va gə	dɛ	splɑ̃ dœr
au	**milieu**	**de**	**l'azur,**	**des**	**vagues,**	**des**	**splendeurs**
in the	midst	of	the azure (sky)	of the	waves	of the	spendors

e	dɛ	zɛ sklɑ vœ	ny	tu	tɛ̃ pre ɲe	do dœr
et	**des**	**esclaves**	**nus,**	**tout**	**imprégnés**	**d'odeurs,**
and	of the	slaves	naked	all	permeated	with fragrances

ki	mœ	ra frɛ ʃi sɛ	lœ	frɔ̃	a vɛk	dɛ	pal mə
qui	**me**	**rafraîchissaient**	**le**	**front**	**avec**	**des**	**palmes,**
who	to me	refreshed	the	brow	with	(of)	palm branches

e	dɔ̃	ly ni kœ	swɛ̃	e tɛ	da prɔ fɔ̃ dir
et	**dont**	**l'unique**	**soin**	**était**	**d'approfondir**
and	of whom	the sole	care	was	(of) to deepen

lœ	sœ krɛ	du lu rø	ki	mœ	fœ zɛ	lɑ̃ gir
le	**secret**	**douloureux**	**qui**	**me**	**faisait**	**languir.**
the	secret	sorrowful	which	me	made	to languish

Lamento

music: Henri Duparc
text: Théophile Gautier

la	ˈmen to
Lamento*	
Lament	*the title is an Italian word, as is the pronunciation

kɔ nɛ se vu	la	blɑ̃ ʃœ	tɔ̃ bœ
Connaissez-vous	**la**	**blanche**	**tombe**
know you	the	white	tomb

u	flɔ	ta vɛk	œ	sɔ̃	plɛ̃ tif
où	**flotte**	**avec**	**un**	**son**	**plaintif**
where	hovers	with	a	sound	plaintive

lɔ̃ brœ	dœ̃	nif
l'ombre	**d'un**	**if?**
the shadow	of a	yew tree

syr	lif	y nœ	pɑ lœ	kɔ lɔ̃ bœ
Sur	**l'if**	**une**	**pâle**	**colombe,**
on	the yew tree	a	pale	dove

tri	ste	sœ	lo	sɔ lɛj	ku ʃɑ̃
triste	**et**	**seule**	**au**	**soleil**	**couchant,**
sad	and	alone	in the	sun	setting

ʃɑ̃ tœ	sɔ̃	ʃɑ̃
chante	**son**	**chant.**
sings	its	song

õ	di rɛ	kœ	lɑ	me vɛ je œ
On	**dirait**	**que**	**l'âme**	**éveillée**
One	would say	that	the soul	awakened

plœ rœ   su   tɛr   a   ly ni sõ
pleure   sous   terre   à   l'unisson
weeps   beneath   earth   at   the unison

dœ   la   ʃã sõ
de   la   chanson,
with   the   song

e   dy   ma lœr   de‿   tru bli e œ
et   du   malheur   d'être   oubliée
and   from the   unhappiness   of to be   forgotten

sœ plɛ̃   dã‿   zœ̃   ru ku lœ mã
se plaint   dans   un   roucoulement, .
(itself) laments   in   a   cooing

bjɛ̃   du sœ mã
bien   doucement.
very   gentle

ɑ   ʒa mɛ   ply   prɛ   dœ   la   tõ bœ
Ah!   jamais   plus   près   de   la   tombe
ah   never   more   near   (to)   the   tomb

ʒœ   ni re   kã   de sã   lœ   swa‿
je   n'irai,   quand   descend   le   soir
I   not will go   when   descends   the   evening

ro   mã to   nwar
au   manteau   noir,
with its   cloak   black

e ku te   la   pɑ lœ   kɔ lõ bœ
écouter   la   pâle   colombe
to listen to   the   pale   dove

ʃã te   syr   la   brã ʃœ   dœ   lif
chanter,   sur   la   branche   de   l'if,
to sing   on   the   branch   of   the yew tree

sõ   ʃã   plɛ̃ tif
son   chant   plaintif?
its   song   plaintive

Après un rêve

music: Gabriel Fauré
text: Romain Bussine

a prɛ‿   zœ̃   rɛv
Après   un   rêve
after   a   dream

dã‿   zœ̃   sɔ mɛj   kœ   ʃar mɛ   tõ‿   ni ma ʒœ
Dans   un   sommeil   que   charmait   ton   image
in   a   sleep   which   charmed   your   image

jœ   rɛ vɛ   lœ   bɔ nœr   ar dã   mi ra ʒœ
je   rêvais   le   bonheur,   ardent   mirage;
I   dreamed of   the   happiness   ardent   mirage

tɛ‿   zjø‿   ze tɛ   ply   du   ta   vwa   py‿   re   sɔ nɔ rœ
tes   yeux   étaient   plus   doux,   ta   voix   pure   et   sonore,
your   eyes   were   more   gentle   your   voice   pure   and   sonorous

ty   rɛ jɔ nɛ   kɔ‿   mœ̃   sjɛ‿   le klɛ re   par   lo rɔ rœ
tu   rayonnais   comme   un   ciel   éclairé   par   l'aurore.
you   radiated   like   a   sky   lit   by   the daybreak

ty	ma pœ lɛ	e	jœ	ki tɛ	la	tɛ rœ
Tu	**m'appelais**	**et**	**je**	**quittais**	**la**	**terre**
you	me called	and	I	I left	the	earth

pur	mã fɥi‿	ra vɛk	twa	ver	la	ly mjɛ rœ
pour	**m'enfuir**	**avec**	**toi**	**vers**	**la**	**lumière;**
for	to fly	with	you	toward	the	light

lɛ	sjø	pur	nu	ã tru vrɛ	lœr	ny œ
les	**cieux**	**pour**	**nous,**	**entr'ouvraient**	**leurs**	**nues,**
the	skies	for	us	opened up	their	clouds

splã dœr‿	zɛ̃ kɔ ny œ	ly œr	di vi nœ‿	zã trœ vy œ
splendeurs	**inconnues,**	**lueurs**	**divines**	**entrevues…**
splendors	unknown	glimmers	divine	caught sight of

e lɑs	e lɑs	tri stœ	re vɛj	dɛ	sõ ʒœ
Hélas,	**hélas,**	**triste**	**réveil**	**des**	**songes!**
alas	alas	sad	awakening	from the	dreams

ʒœ	ta pɛl	o	nɥi	rã mwa	tɛ	mã sõ ʒœ
Je	**t'appelle,**	**ô**	**nuit,**	**rends-moi**	**tes**	**mensonges;**
I	to you call	o	night	give back to me	your	illusions

rœ vjɛ̃	rœ vjɛ̃	ra di ø zœ
reviens,	**reviens**	**radieuse,**
come back	come back	radiant

rœ vjɛ̃	o	nɥi	mi ste ri ø zœ
reviens,	**ô**	**nuit**	**mystérieuse!**
come back	o	night	mysterious

Automne

music: Gabriel Fauré
text: Armand Silvestre

o tɔ‿	no	sjɛl	bry mø	o‿	zɔ ri zõ	na vrã
Automne	**au**	**ciel**	**brumeux,**	**aux**	**horizons**	**navrants,**
autumn	with the	sky	misty	with the	horizons	heart-rending

o	ra pi dœ	ku ʃã	o‿	zo rɔ rœ	pɑ li œ
aux	**rapides**	**couchants,**	**aux**	**aurores**	**pâlies,**
with the	rapid	sunsets	with the	dawns	pale

ʒœ	rœ gar dœ	ku le	kɔ mœ	lo	dy	tɔ rã
je	**regarde**	**couler,**	**comme**	**l'eau**	**du**	**torrent,**
I	watch	to flow by	like	the water	of the	torrent

tɛ	ʒur	fɛ	dœ	me lã kɔ li œ
tes	**jours**	**faits**	**de**	**mélancolie.**
your	days	made	of	melancholy.

syr	lɛ lœ	dɛ	rœ grɛ	me‿	zɛ pri	zã pɔr te
Sur	**l'aile**	**des**	**regrets**	**mes**	**esprits**	**emportés,**
on	the wing	of	regrets	my	spirits	carried away

kɔ mœ	sil	sœ pu vɛ	kœ	nɔ‿	trɑ ʒœ	rœ nɛ sœ
comme	**s'il**	**se pouvait**	**que**	**notre**	**âge**	**renaisse!**
as	if it	was possible	that	our	age	be reborn

par ku rœ‿	tã	rɛ vã	le	kɔ to‿	zã ʃã te
parcourent	**en**	**rêvant**	**les**	**coteaux**	**enchantés,**
travel through	in	dreaming	the	hillsides	enchanted

u	ʒa dis	su ri	ma	jœ nɛ sœ
où	**jadis,**	**sourit**	**ma**	**jeunesse!**
where	once	smiled	my	youth

ʒœ	sɑ̃	o	klɛr	sɔ lɛj	dy	su vœ nir	vɛ̃ kœr
Je	**sens**	**au**	**clair**	**soleil**	**du**	**souvenir**	**vainqueur,**
I	feel	in the	clear	sun	of	memory	victorious

rœ flœ ri‿		rɑ̃	bu kɛ	le	ro zœ	de li e œ
refleurir		**en**	**bouquets**	**les**	**roses**	**déliées,**
to flower again		in	bouquets	the	roses	fallen

e	mõ te‿	ra	me‿	zjø	dɛ	lar mœ
et	**monter**	**à**	**mes**	**yeux**	**des**	**larmes,**
and	to rise	in	my	eyes	(of)	tears

kɑ̃	mõ	kœr
qu'en	**mon**	**cœur**
which in	my	heart

mɛ	vɛ̃‿	tɑ̃	a vɛ‿	tu bli e œ
mes	**vingt**	**ans**	**avaient**	**oubliées!**
my	twenty	years	had	forgotten

Chanson d'amour

music: Gabriel Fauré
text: Armand Silvestre

ʃɑ̃ sõ	da mur
Chanson	**d'amour**
song	of love

ʒɛ mœ	te‿	zjø	ʒɛ mœ	tõ	frõ
J'aime	**tes**	**yeux,**	**j'aime**	**ton**	**front,**
I love	your	eyes	I love	your	brow

o	ma	rœ bɛ‿	lo	ma	fa ru ʃœ
o	**ma**	**rebelle,**	**ô**	**ma**	**farouche,**
o	my	rebel	o	my	wild one

ʒɛ mœ	te‿	zjø	ʒɛ mœ	ta	bu ʃə
j'aime	**tes**	**yeux,**	**j'aime**	**ta**	**bouche**
I love	your	eyes	I love	your	mouth

u	mɛ	bɛ ze	se pɥi zœ rõ
où	**mes**	**baisers**	**s'épuiseront.**
where	my	kisses	will run dry

ʒɛ mœ	ta	vwa	ʒɛ mœ	le trɑ̃ ʒœ
J'aime	**ta**	**voix,**	**j'aime**	**l'étrange**
I love	your	voice	I love	the strange

grɑ sœ	dœ	tu	sœ	kœ	ty	di
grâce	**de**	**tout**	**ce**	**que**	**tu**	**dis,**
grace	of	everything	that	which	you	say

o	ma	rœ bɛ‿	lo	mõ	ʃɛ‿	rɑ̃ ʒœ
o	**ma**	**rebelle,**	**ô**	**mon**	**cher**	**ange,**
o	my	rebel	o	my	dear	angel

mõ‿	nɑ̃ fɛr	e	mõ	pa ra di
mon	**enfer**	**et**	**mon**	**paradis!**
my	hell	and	my	paradise

ʒɛ mœ	tu	sœ	ki	tœ	fɛ	bɛ lə
J'aime	**tout**	**ce**	**qui**	**te**	**fait**	**belle,**
I love	everything	that	which	you	makes	beautiful

dœ	te‿	pje	ʒy ska	te‿	ʃœ vø
de	**tes**	**pieds**	**jusqu'à**	**tes**	**cheveux,**
from	your	feet	up as far as to	your	hair

o	twa	vɛr	ki	mõ tœ	mɛ	vø
o	**toi**	**vers**	**qui**	**montent**	**mes**	**vœux,**
o	you	toward	whom	rise	my	desires

o	ma	fa ru‿	ʃo	ma	rœ bɛ lœ
o	**ma**	**farouche,**	**ô**	**ma**	**rebelle!**
o	my	wild one	o	my	rebel

Clair de lune

music: Gabriel Fauré
text: Paul Verlaine

klɛr	dœ	lyn
Clair	**de**	**lune**
light	of	moon

vɔ‿	trɑ‿	mɛ‿	tœ̃	pɛ i za ʒœ	ʃwa zi
Votre	**âme**	**est**	**un**	**paysage**	**choisi**
your	soul	is	a	landscape	chosen

kœ	võ	ʃar mɑ̃	ma skœ‿	ze	bɛr ga ma skœ
que	**vont**	**charmant**	**masques**	**et**	**bergamasques**
(to which)	go	delighting	maskers	and	bergamaskers

ʒu ɑ̃	dy	lu‿	te	dɑ̃ sɑ̃	e	ka zi
jouant	**du**	**luth**	**et**	**dansant**	**et**	**quasi**
playing	(on the)	lute	and	dancing	and	almost

tri tœ	su	lœr	de gi zœ mɑ̃	fɑ̃ ta skœ
tristes	**sous**	**leurs**	**déguisements**	**fantasques.**
sad	beneath	their	disguises	fantastic

tu‿	tɑ̃	ʃɑ̃ tɑ̃	syr	lœ	mɔ dœ	mi nœr
Tout	**en**	**chantant**	**sur**	**le**	**mode**	**mineur**
all	in	singing	on [in]	the	mode	minor

la mur	vɛ̃ kœ‿	re	la	vi	ɔ pɔr ty nœ
l'amour	**vainqueur**	**et**	**la**	**vie**	**opportune,**
the love	victorious	and	the	life	opportune

il	nõ	pɑ	lɛr	dœ	krwɑ	ra	lœr	bɔ nœr
ils	**n'ont**	**pas**	**l'air**	**de**	**croire**	**à**	**leur**	**bonheur**
they	not have	(not)	the air	of	believing	in	their	happiness

e	lœr	ʃɑ̃ sõ	sœ mɛ‿	lo	klɛr	dœ	ly nœ
et	**leur**	**chanson**	**se mêle**	**au**	**clair**	**de**	**lune.**
and	their	song	mingles	with the	light	of	moon

o	kal mœ	klɛr	dœ	ly nœ	tri‿	ste	bo
Au	**calme**	**clair**	**de**	**lune**	**triste**	**et**	**beau,**
with the	calm	light	of	moon	sad	and	beautiful

ki	fɛ	rɛ ve	lɛ‿	zwa zo	dɑ̃	lɛ‿	zar brœ
qui	**fait**	**rêver**	**les**	**oiseaux**	**dans**	**les**	**arbres**
which	makes	to dream	the	birds	in	the	trees

e	sɑ̃ glɔ te	dɛk sta zœ	lɛ‿	ʒɛ do
et	**sangloter**	**d'extase**	**les**	**jets d'eau,**
and	to sob	with ecstasy	the	jets of water [fountains]

lɛ	grɑ̃	ʒɛ	do	svɛl tœ	par mi	lɛ	mar brœ
les	**grands**	**jets**	**d'eau**	**sveltes**	**parmi**	**les**	**marbres.**
the	tall	jets	of water	slender	among	the	marbles [marble statues]

Lydia

music: Gabriel Fauré
text: Charles-Marie-René Leconte de Lisle

li di a	syr	tɛ	ro zœ	ʒu œ
Lydia,	**sur**	**tes**	**roses**	**joues,**
Lydia	on	your	rosy	cheeks

e	syr	tõ	kɔl	frɛ‿ze	si	blã
et	**sur**	**ton**	**col**	**frais et**	**si**	**blanc,**
and	on	your	neck	fresh and	so	white

[kœ	lœ	lɛ]	ru‿	le tẽ sœ lã
[que	**le**	**lait,]**	**roule**	**étincelant**
[as	the	milk]	roll	glistening

lɔr	flɥ i dœ	kœ	ty	de nu œ
l'or	**fluide**	**que**	**tu**	**dénoues.**
the gold	flowing	which	you	unbind

lœ	ʒur	ki	lɥi	ɛ	lœ	mɛ jœr
Le	**jour**	**qui**	**luit**	**est**	**le**	**meilleur;**
the	day	that	breaks	is	the	best

u bli õ	le tɛr nɛ lœ	tõ bœ
oublions	**l'éternelle**	**tombe.**
let us forget	the eternal	tomb

lɛ sœ	tɛ	bɛ ze	tɛ	bɛ ze	dœ	kɔ lõ bœ
Laisse	**tes**	**baisers,**	**tes**	**baisers**	**de**	**colombe**
let	your	kisses	your	kisses	of	dove

ʃã te	syr	ta	lɛ‿	vrã	flœr
chanter	**sur**	**ta**	**lèvre**	**en**	**fleur.**
to sing	upon	your	lip	in	bloom

œ̃	lis	ka ʃe	re pã	sã	sɛ sœ
Un	**lys**	**caché**	**répand**	**sans**	**cesse**
a	lily	hidden	gives off	without	cease

y‿	no dœr	di vi‿	nã	tõ	sɛ̃
une	**odeur**	**divine**	**en**	**ton**	**sein:**
a	fragrance	divine	in	your	breast

lɛ	de li sœ	kɔ‿	mœ̃‿	ne sɛ̃
les	**délices,**	**comme**	**un**	**essaim,**
the	delights	like	a	swarm

sɔr tœ	dœ	twa	ʒœ nœ	de ɛ sœ
sortent	**de**	**toi,**	**jeune**	**Déesse!**
come out	from	you	young	goddess

ʒœ	tɛ‿	me	mœr	o	mɛ‿	za mur
Je	**t'aime**	**et**	**meurs,**	**ô**	**mes**	**amours,**
I	you love	and	I die	o	my	loves

mõ‿	nɑ‿	mã	bɛ ze	mɛ	ra vi œ
mon	**âme**	**en**	**baisers**	**m'est**	**ravie!**
my	soul	in	kisses	to me is	ravished

o	li di a	rã mwa	la	vi œ
O	**Lydia,**	**rends-moi**	**la**	**vie,**
o	Lydia	give back to me	the	life

kœ	ʒœ	pɥi sœ	mu rir	tu ʒur
que	**je**	**puisse**	**mourir**	**toujours!**
that	I	may be able	to die	always

Mandoline
music: Gabriel Fauré
text: Paul Verlaine

mɑ̃ dɔ lin
Mandoline
mandoline

lɛ	dɔ nœr	dœ	se re na dœ
Les	**donneurs**	**de**	**sérénades**
the	givers	of	serenades

e	lɛ	bɛ lœ‿	ze ku tœ zœ
et	**les**	**belles**	**écouteuses**
and	the	beautiful	(female) listeners

e ʃɑ̃ ʒœ	dɛ	prɔ po	fa dœ
échangent	**des**	**propos**	**fades**
exchange	(of)	talk	banal

su	lɛ	ra my rœ	ʃɑ̃ tø zœ
sous	**les**	**ramures**	**chanteuses.**
beneath	the	branches	singing

sɛ	tir si‿	se	sɛ‿	ta mɛ̃ tœ
C'est	**Tircis**	**et**	**c'est**	**Aminte,**
it is	Tircis	and	it is	Aminte

e	sɛ	le tɛr nɛl	kli tɑ̃ drœ
et	**c'est**	**l'éternel**	**Clitandre,**
and	it is	the eternal	Clitandre

e	sɛ	da mis	ki	pur	mɛ̃ tœ
et	**c'est**	**Damis**	**qui**	**pour**	**mainte**
and	it is	Damis	who	for	many a

cry ɛ lœ		fɛ	mɛ̃	vɛr	tɑ̃ drœ
cruelle		**fait**	**maint**	**vers**	**tendre.**
cruel one (woman)		creates	many a	verse	tender

lœr	kur tœ	vɛ stœ	dœ	swa
Leurs	**courtes**	**vestes**	**de**	**soie,**
their	short	jackets	of	silk

lœr	lõ gœ	rɔ bœ‿	za kø
leurs	**longues**	**robes**	**à queues,**
their	long	dresses	with trains

lœ‿	re le gɑ̃ sœ	lœr	ʒwa
leur	**élégance,**	**leur**	**joie**
their	elegance	their	joy

e	lœr	mɔ lœ‿	zõ brœ	blø
et	**leurs**	**molles**	**ombres**	**bleues,**
and	their	soft	shadows	blue

tur bi jɔ nœ	dɑ̃	lɛk stɑ zœ
Tourbillonnent	**dans**	**l'extase**
whirl	in	the ecstasy

dy nœ	ly nœ	ro‿	ze	gri zœ
d'une	**lune**	**rose**	**et**	**grise,**
of a	moon	pink	and	gray

e	la	mɑ̃ dɔ li nœ	ʒa zœ
et	**la**	**mandoline**	**jase**
and	the	mandoline	chatters

par mi	lɛ	fri sõ	dœ	bri zœ
parmi	**les**	**frissons**	**de**	**brise.**
amidst	the	quiverings	of	breeze

354

Notre amour

music: Gabriel Fauré
text: Armand Silvestre

nɔ‿	tra mu‿	rɛ	ʃo zœ	le ʒɛ rœ
Notre	**amour**	**est**	**chose**	**légère**
our	love	is	thing	light

kɔ mœ	lɛ	par fœ̃	kœ	lœ	vã
comme	**les**	**parfums**	**que**	**le**	**vent**
like	the	perfumes	that	the	wind

prã‿	to	si mœ	dœ	la	fu ʒɛ rœ
prend	**aux**	**cimes**	**de**	**la**	**fougère,**
takes	from the	tips	of	the	fern

pur	kõ	lɛ	rɛ spi‿	rã	rɛ vã
pour	**qu'on**	**les**	**respire**	**en**	**rêvant.**
in order	that one	them	may breathe	in	dreaming

nɔ‿	tra mu‿	rɛ	ʃo zœ	ʃar mã tœ
Notre	**amour**	**est**	**chose**	**charmante,**
our	love	is	thing	charming

kɔ mœ	lɛ	ʃã sõ	dy	ma tɛ̃
comme	**les**	**chansons**	**du**	**matin,**
like	the	songs	of the	morning

u	nyl	rœ grɛ	nœ	sœ la mã tə
où	**nul**	**regret**	**ne**	**se lamente,**
where	no	regret	(not)	one laments

u	vi‿	brœ̃‿	nɛ spwa‿	rɛ̃ sɛr tɛ̃
où	**vibre**	**un**	**espoir**	**incertain.**
where	vibrates	a	hope	uncertain

nɔ‿	tra mu‿	rɛ	ʃo zœ	sa kre œ
Notre	**amour**	**est**	**chose**	**sacrée,**
our	love	is	thing	sacred

kɔ mœ	lɛ	mi stɛ rœ	dɛ	bwɑ
comme	**les**	**mystères**	**des**	**bois**
like	the	mysteries	of the	woods

u	tre sa‿	jy‿	nɑ‿	mi ɲɔ re œ
où	**tressaille**	**une**	**âme**	**ignorée,**
where	quivers	a	soul	unknown

u	lɛ	si lã sœ‿	zõ	dɛ	vwa
où	**les**	**silences**	**ont**	**des**	**voix.**
where	the	silences	have	(of)	voices

nɔ‿	tra mu‿	rɛ	ʃo‿	zɛ̃ fi ni œ
Notre	**amour**	**est**	**chose**	**infinie,**
our	love	is	thing	infinite

kɔ mœ	lɛ	ʃœ mɛ̃	dɛ	ku ʃã
comme	**les**	**chemins**	**des**	**couchants,**
like	the	paths	of the	setting suns

u	la	mɛ‿	ro	sjø	re y ni œ
où	**la**	**mer,**	**aux**	**cieux**	**réunie,**
where	the	sea	to the	skies	joined together

sã dɔr	su	lɛ	sɔ lɛj	pã ʃã
s'endort	**sous**	**les**	**soleils**	**penchants.**
falls asleep	beneath	the	suns	inclining

nɔ‿	tra mu‿	rɛ	ʃo‿	ze tɛr nɛ lœ
Notre	**amour**	**est**	**chose**	**éternelle,**
our	love	is	thing	eternal

kɔ mœ	tu	sœ	kœ̃	djø	vɛ̃ kœ‿
comme	**tout**	**ce**	**qu'un**	**dieu**	**vainqueur**
like	all	that	which a	god	victorious

ra	tu ʃe	dy	fø	dœ	sõ‿	nɛ lœ
a	**touché**	**du**	**feu**	**de**	**son**	**aile,**
has	touched	with the	fire	of	his	wing

kɔ mœ	tu	sœ	ki	vjɛ̃	dy	kœr
comme	**tout**	**ce**	**qui**	**vient**	**du**	**cœur.**
like	all	that	which	comes	from the	heart

Nocturne
music: César Franck
text: Louis de Fourcaud

nɔk tyrn
Nocturne
Nocturne

o	frɛ ʃœ	nɥi	nɥi	trɑ̃ spa rɑ̃ tœ
Ô	**fraîche**	**nuit,**	**nuit**	**transparente,**
o	cool	night	night	transparent

mi stɛ rœ	sɑ̃‿	zɔp sky ri te
mystère	**sans**	**obscurité,**
mystery	without	obscurity

la	vi	ɛ	nwa‿	re	de vɔ rɑ̃ tœ
la	**vie**	**est**	**noire**	**et**	**dévorante;**
the	life	is	black	and	devouring

o	frɛ ʃœ	nɥi	nɥi	trɑ̃ spa rɑ̃ tœ
ô	**fraîche**	**nuit,**	**nuit**	**transparente,**
o	cool	night	night	transparent

dɔ nœ mwa	ta	pla si di te
donne-moi	**ta**	**placidité.**
give me	your	serenity

o	bɛ lœ	nɥi	nɥi	e twa le ə
Ô	**belle**	**nuit,**	**nuit**	**étoilée,**
o	beautiful	night	night	starlit

vɛr	mwa	tɛ	rœ gar	sõ	bɛ se
vers	**moi**	**tes**	**regards**	**sont**	**baissés,**
toward	me	your	glances	are	lowered

e klɛ rœ	mõ‿	nɑ mœ	tru ble ə
éclaire	**mon**	**âme**	**troublée;**
give light to	my	soul	troubled

o	bɛ lœ	nɥi	nɥi	e twa le ə
ô	**belle**	**nuit,**	**nuit**	**étoilée,**
o	beautiful	night	night	starlit

mɛ	tõ	su ri‿	rɑ̃	mɛ	pɑ̃ se
mets	**ton**	**sourire**	**en**	**mes**	**pensers.**
put	your	smile	in	my	thoughts

o   sɛ̃ tœ   nɥi   nɥi   ta sit yr nœ
Ô   **sainte**   **nuit,**   **nuit**   **taciturne,**
o   saintly   night   night   taciturn

plɛ nœ   dœ   pɛ   e   dœ   du sœr
pleine   **de**   **paix**   **et**   **de**   **douceur,**
full   of   peace   and   of   tenderness

mõ   kœr   bu jɔ nœ   kɔ‿   my‿   nyr nœ
mon   **cœur**   **bouillonne** **comme**   **une**   **urne;**
my   heart   seethes   like   an   urn

o   sɛ̃ tœ   nɥi   nɥi   ta sit yr nœ
ô   **sainte**   **nuit,**   **nuit**   **taciturne,**
o   saintly   night   night   taciturn

fɛ   lœ   si lɑ̃ sœ   dɑ̃   mõ   kœr
fais   **le**   **silence**   **dans**   **mon**   **cœur.**
make   the   silence   in   my   heart

o   grɑ̃ dœ   nɥi   nɥi   sɔ la nɛ lœ
Ô   **grande**   **nuit,**   **nuit**   **solennelle,**
o   great   night   night   solemn

ɑ̃   ki   tu‿   tɛ   de li si ø
en   **qui**   **tout**   **est**   **délicieux,**
in   which   everything   is   delightful

prɑ̃   mõ‿   nɛ‿   trɑ̃ tje   su   tõ‿   nɛ lœ
prends   **mon**   **être**   **entier**   **sous**   **ton**   **aile;**
take   my   being   entire   under   your   wing

o   grɑ̃ dœ   nɥi   nɥi   sɔ la nɛ lœ
ô   **grande**   **nuit,**   **nuit**   **solennelle,**
o   great   night   night   solemn

vɛr sœ   lœ   sɔ mɛ‿   jɑ̃   mɛ‿   zjø
verse   **le**   **sommeil**   **en**   **mes**   **yeux.**
pour   the   sleep   into   my   eyes

L'asbent
music: Charles Gounod
text: Charles Gounod

lap sɑ̃
L'absent
The absent one

o   si lɑ̃ sœ   de   nɥi   dõ   la   vwa   sœ‿   lɛ   du sœ
O   **silence**   **des**   **nuits**   **dont**   **la**   **voix**   **seule**   **est**   **douce,**
o   silence   of the   nights   of whom   the   voice   alone   is   sweet

kɑ̃   ʒœ   ne   ply   sa   vwa
quand   **je**   **n'ai**   **plus**   **sa**   **voix,**
when   I   not have   more   her   voice

mi ste ri ø   rɛ jõ   ki   gli se   syr   la   mu sœ
mystérieux   **rayons,**   **qui**   **glissez**   **sur**   **la**   **mousse**
mysterious   rays   which   glide   over   the   moss

dɑ̃   lõ brœ   dœ   sɛ   bwa
dans   **l'ombre**   **de**   **ses**   **bois,**
in   the shadow   of   her   woods

di tœ mwa   si   sɛ   zjø   a   lœ‿   ru   tu   sɔ mɛ jœ
dites-moi   **si**   **ses**   **yeux,**   **à**   **l'heure**   **où**   **tout**   **sommeille**
tell me   if   her   eyes   at   the hour   when   all   is sleeping

sœ ru vrœ   du sœ mã
se rouvrent   **doucement**
reopen   gently

e si ma bjɛ̃‿ nɛ me a lɔr kœ mwa ʒœ vɛ jœ
et si ma bien-aimée alors que moi je veille,
and if my beloved one at the time that me I am waking

sœ su vjɛ̃ dœ lap sã
se souvient de l'absent.
remembers (of) the absent one

kã la ly‿ nɛ‿ to sjø bɛ ɲã dœ sa ly mjɛ rœ
Quand la lune est aux cieux, baignant de sa lumière
when the moon is in the skies bathing with its light

lɛ grã bwɑ‿ ze la zyr
les grands bois et l'azure;
the great forests and the azure (sky)

kã dɛ klɔ ʃœ dy swar ki tɛ̃ tœ la pri je rœ
quand des cloches du soir qui tintent la prière
when of the bells of the evening which toll the prayer

vi brœ le ko si pyr
vibre l'écho si pur,
vibrates the echo so pure

di tœ mwa si sõ‿ nɑ‿ mœ̃‿ nɛ̃ stã rœ kœ ji œ
dites-moi si son âme, un instant recueillie
tell me if her soul an instant contemplative

se lɛ‿ va vɛk lœr ʃã
s'élève avec leur chant,
rises with their song

e si dœ lœr‿ za kɔr la pɛ zi blœ ar mɔ ni œ
et si de leurs accords la paisible harmonie
and if of their chords the peaceful harmony

lɥi ra pɛ lœ lap sã
lui rappelle l'absent!
to her recalls the absent one

O ma belle rebelle

music: Charles Gounod
text: Jean-Antoine de Baïf

o ma bɛ lœ rœ bɛ lœ
O ma belle rebelle!
o my beautiful rebel

lɑs kœ ty mɛ kry ɛ lœ
Las! que tu m'es cruelle!
alas that you to me are cruel

u kã dœ̃ du su ri
ou quand d'un doux souris,
either when with a sweet smile

358

la rõ   dœ   mε̰   zε spri
larron de   mes   esprits,
robber   of   my   spirits

u   kã   dy nœ   pa rɔ lœ
ou   quand   d'une   parole
or   when   with a   word

mi ɲar dε tœ mã   mɔ lœ
mignardètement   molle,
delicately   soft

u   kã   dœ̃   rœ gar   dø
ou   quand   d'un   regard   d'yeux
or   when   from a   glace   of eyes

fjε rœ mã   gra si ø
fièrement   gracieux,
boldly   pleasing

u   kã   dœ̃   pœ ti   ʒε stə
ou   quand   d'un   petit   geste,
or   when   from a   small   gesture

tu   di vε̃   tu   se lε stœ
tout   divin,   tout   céleste
all   divine   all   celestial

ã̰   na mu rø̰   zar dœr
en   amoureuse   ardeur
in   amorous   ardor

ty   plõ ʒœ   tu   mõ   kœr
tu   plonges   tout   mon   cœur!
you   plunge   all   my   heart

o   ma   bε lœ   rœ bε lœ
O   ma   belle   rebelle!
o   my   beautiful rebel

lɑs   kœ   ty   mε   kry ε lœ
Las!   que   tu   m'es   cruelle!
alas   that you   to me are cruel

kã   la   kɥi zã̰   tar dœr
Quand   la   cuisante   ardeur
when   the   burning   ardor

ki   mœ   bry lœ   lœ   kœr
qui   me   brûle   le   cœur
which of me consumes the   heart

fε   kœ   ʒœ   tœ   dœ mã dœ
fait   que   je   te   demande
makes that I   you   ask of

a   sa   bry ly rœ   grã dœ
à   sa   brûlure   grande
from   its   burning   great

œ̃   ra frε ʃi sœ mã
un   rafraîchissement
a   refreshment

dœ̃   bε ze   sœ lœ mã
d'un   baiser   seulement.
with one kiss   only

o   ma   bε lœ   rœ bε lœ
O   ma   belle   rebelle!
o   my   beautiful rebel

lɑs   kœ   ty   mɛ   kry ɛ lœ
Las!   que   tu   m'es   cruelle!
alas   that   you to me are   cruel

kɑ̃   dœ̃   pœ ti   bɛ ze
quand d'un petit   baiser
when   with one little   kiss

ty   nœ   vø   ma pɛ ze
tu   ne   veux m'apaiser.
you not   want me to appease

mœ   pɥi sɛ‿   ʒœ̃   ʒur   dy rœ
Me   puissé-je   un   jour, dure!
me [if] would be able I one day   callous one

vɑ̃ ʒe   dœ   tõ‿   nɛ̃ ʒy rœ
venger de   ton   injure,
to avenge (of) your abuse

mõ   pœ ti mɛ‿   tra mur
mon petit maître Amour
my   little   master Cupid

tœ   pɥi‿   su tre‿   rœ̃   ʒur
te   puisse   outrer   un   jour,
you would be able to provoke one day

e   pur   mwa   lɑ̃ gu rø‿
et pour moi   langoureuse
and for   me   languishing

zil tœ   fɑ‿   sa mu rø zœ
il   te   fasse   amoureuse,
he you would make amorous

kɔ‿   mil   ma   lɑ̃ gu rø
comme il   m'a   langoureux
as   he me has languishing

pur   twa   fɛ‿   ta mu rø
pour toi   fait   amoureux.
for   you made amorous

a lɔr   par   ma   vɑ̃ ʒɑ̃ sœ
Alors par   ma   vengeance
then   through my   revenge

ty   ɔ ra   kɔ nɛ sɑ̃ sœ
tu   auras connaissance
you will have knowledge

kɛl mal fɛ‿ dy   bɛ ze
quel mal fait, du   baiser
what harm (it) does (of) the kiss

œ̃‿ na mɑ̃ rœ fy ze
un amant refuser.
a   lover to refuse

Venise

music: Charles Gounod
text: Alfred de Musset

vœ niz
Venise
Venice

dɑ̃	vœ ni zœ	la	ru ʒə
Dans	**Venise**	**la**	**rouge,**
in	Venice	the	red

pɑ‿	zœ̃	ba to	ki	bu ʒə
pas	**un**	**bateau**	**qui**	**bouge,**
not	a	boat	which	moves

pɑ‿	zœ̃	pɛ ʃœr	dɑ̃	lo
pas	**un**	**pêcheur**	**dans**	**l'eau,**
not	a	fisherman	in	the water

pɑ‿	zœ̃	fa lo
pas	**un**	**falot!**
not	a	lantern

la	ly nœ	ki	se fa sœ
La	**lune**	**qui**	**s'efface**
the	moon	which	fades away

ku vrœ	sõ	frõ	ki	pɑ sœ
couvre	**son**	**front**	**qui**	**passe**
covers	its	brow	which	passes

dœ̃	nɥ a‿	ʒe twa le
d'un	**nuage**	**étoilé**
with a	cloud	starry

dœ mi vwa le
demi-voilé!
half veiled

tu	sœ tɛ	fɔr	lɛ	gar də
Tout	**se tait,**	**fors**	**les**	**gardes**
all	is silent	except	the	watchmen

o	lõ gœ	a lœ bar dœ
aux	**longues**	**hallebardes,**
with	long	halberds

ki	vɛ jœ‿	to	kre no
qui	**veillent**	**aux**	**créneaux**
who	keep watch	over the	battlements

dɛ‿	zar sœ no
des	**arsenaux.**
of the	arsenals

a	mɛ̃ tœ nɑ̃	ply	dy nə
—Ah!	**maintenant**	**plus**	**d'une**
ah	now	more	than one (female)

a tɑ̃‿	to	klɛ	dœ	ly nœ
attend,	**au**	**clair**	**de**	**lune,**
waits for	in the	light	of	moon

kɛl kœ	ʒœ nœ	my gɛ
quelque	**jeune**	**muguet,**
some	young	gallant

lɔ rɛ‿	jo	gɛ
l'oreille	**au**	**guet.**
the eye	on the	lookout

su la bri zœ a mu rœ zœ
Sous la brise amoureuse
under the breeze amorous

la va ni na rɛ vø zœ
la Vanina rêveuse
the Vanina dreaming

dɑ̃ sõ bɛr so flɔ tɑ̃
dans son berceau flottant
in her cradle floating

pɑ‿ sɑ̃ ʃɑ̃ tɑ̃
passe en chantant;
goes by in singing

tɑ̃ di kœ pur la fɛ tœ
tandis que pour la fête
while for the festival

nar si sa ki sa prɛ tœ
Narcissa qui s'apprête,
Narcissa who gets ready

mɛ dœ vɑ̃ sõ mi rwar
met, devant son miroir,
puts in front of her mirror

lœ ma skœ nwar
le masque noir.
the mask black

lɛ sõ la vjɛ‿ jɔr lɔ‿
Laissons la vieille horloge,
let us leave the old clock

ʒo pa lɛ dy vjø dɔ ʒœ
au palais du vieux doge,
at the palace of the old doge

lɥi kõ te dœ sɛ nɥi
lui compter de ses nuits
for him to count of his nights

lɛ lõ‿ zɑ̃ nɥi
les longs ennuis.
the lengthy boredoms

syr sa mɛr nõ ʃa lɑ̃ tœ
Sur sa mer nonchalante,
upon her sea listless

vœ ni zœ lɛ̃ dɔ lɑ̃ tœ
Venise l'indolente
Venice the indolent

nœ kõ tœ ni sɛ jur
ne compte ni ses jours
not counts neither her days

ni sɛ‿ za mur
ni ses amours.
nor her loves

kar vœ ni‿ zɛ si bɛ lœ
Car Venise est si belle
for Venice is so beautiful

ky nœ ʃɛ nœ sy‿ rɛ lœ
qu'une chaîne, sur elle
that a chain on her

sɑ̃ blœ œ̃ kɔ lje ʒœ te
semble **un** **collier** **jeté**
seems like a necklace cast

    syr la bo te
    sur **la** **beauté.**
    on the beauty

À Chloris

music: Reynaldo Hahn
text: Théophile de Viau

a klɔ ris
À **Chloris**
To Chloris

si‿ lɛ vrɛ klɔ ris kœ ty mɛ mœ
S'il **est** **vrai,** **Chloris,** **que** **tu** **m'aimes,**
if it is true Chloris that you me love

mɛ ʒɑ̃ tɑ̃ kœ ty mɛ mœ bjɛ̃
mais **j'entends** **que** **tu** **m'aimes** **bien,**
but I hear that you me love well

ʒœ nœ krwɑ pɑ kœ lɛ rwa mɛ mœ
je **ne** **crois** **pas** **que** **les** **rois** **mêmes**
I not believe (not) that the kings themselves

ɛ‿ tœ̃ bo nœr pa rɛ‿ jo mjɛ̃
aient **un** **bonheur** **pareil** **au** **mien.**
have a happiness equal to the mine

kœ la mɔr sœ rɛ‿ tɛ̃ pɔr ty nə
Que **la** **mort** **serait** **importune**
that the death would be importunate

a vœ nir ʃɑ̃ ʒe ma fɔr ty nə
à **venir** **changer** **ma** **fortune**
to come to change my fortune

pur la fe li si te dɛ sjø
pour **la** **félicité** **des** **cieux!**
for the joy of the heavens

tu sœ kɔ̃ di dœ lɑ̃ brwa zi ə
Tout **ce** **qu'on** **dit** **de** **l'ambroisie**
all that which one says of the ambrosia

nœ tu ʃœ pwɛ̃ ma fɑ̃ tɛ zi
ne **touche** **point** **ma** **fantaisie**
not touches at all my imagination

o pri dɛ grɑ sœ dœ tɛ‿ zjø
au **prix** **des** **grâces** **de** **tes** **yeux.**
in comparison with the graces of your eyes

Offrande

music: Reynaldo Hahn
text: Paul Verlaine

ɔ frãd
Offrande
offering

vwa si	dɛ	frɥi	dɛ	flœr	dɛ	fœ jœ‿	ze	dɛ	brã ʃœ
Voici	**des**	**fruits,**	**des**	**fleurs,**	**des**	**feuilles**	**et**	**des**	**branches**
here are	of	fruits	of	flowers	of	leaves	and	of	branches

e	pɥi		vwa si	mõ	kœr	ki	nœ	ba	kœ	pur	vu
et	**puis**		**voici**	**mon**	**cœur**	**qui**	**ne**	**bat**	**que**	**pour**	**vous.**
and	moreover		here is	my	heart	which	not	beats	but	for	you

nœ	lœ	de ʃi re	pɑ‿	za vɛk	vo	dø	mɛ̃	blã ʃə
Ne	**le**	**déchirez**	**pas**	**avec**	**vos**	**deux**	**mains**	**blanches**
not	it	tear apart	(not)	with	your	two	hands	white

e	ka	vo‿	zjø	si	bo	lœ̃ blœ	pre sã	swa	du
et	**qu'à**	**vos**	**yeux**	**si**	**beaux**	**l'humble**	**présent**	**soit**	**doux.**
and	may to	your	eyes	so	beautiful	the humble	gift	be	sweet

ʒa ri və	tu	ku vɛr‿	rã kɔ rœ	dœ	ro ze ə
J'arrive	**tout**	**couvert**	**encore**	**de**	**rosée**
I arrive	all	covered	still	with	dew

kœ	lœ	vã	dy	ma tɛ̃	vjɛ̃	gla se‿	ra	mõ	frõ
que	**le**	**vent**	**du**	**matin**	**vient**	**glacer**	**à**	**mon**	**front.**
that	the	wind	of the	morning	comes	to freeze	on	my	brow

su fre	kœ	ma	fa ti‿	ga	vo	pje	rœ po ze ə
Souffrez	**que**	**ma**	**fatigue,**	**à**	**vos**	**pieds**	**reposée,**
allow	that	my	fatigue	at	your	feet	resting

rɛ vœ	dɛ	ʃɛr‿	zɛ̃ stã	ki	la	de la sœ rõ
rêve	**des**	**chers**	**instants**	**qui**	**la**	**délasseront.**
may dream	of the	dear	moments	which	it	will refresh

syr	vo trœ	ʒœ nœ	sɛ̃	lɛ se	ru le	ma	tɛ tœ
Sur	**votre**	**jeune**	**sein**	**laissez**	**rouler**	**ma**	**tête**
upon	your	young	breast	let	to roll	my	head

tu tœ	sɔ nɔ‿	rã kɔr	dœ	vo	dɛr nje	bɛ ze
toute	**sonore**	**encore**	**de**	**vos**	**derniers**	**baisers;**
all	ringing	still	from	your	last	kisses

lɛ se la	sa pɛ ze	dœ	la	bɔ nœ	tã pɛ tə
laissez-la	**s'apaiser**	**de**	**la**	**bonne**	**tempête**
let it	to be appeased	from	the	good	tempest

e	kœ	ʒœ	dɔr‿	mɛ̃	pø	pɥi skœ	vu	rœ po ze
et	**que**	**je**	**dorme**	**un**	**peu**	**puisque**	**vous**	**reposez.**
and	that	I	may sleep	a	little	as	you	rest

Si mes vers avaient des ailes

music: Reynaldo Hahn
text: Victor Hugo

si	mɛ	vɛr‿	za ve	dɛ‿	zɛl
Si	**mes**	**vers**	**avaient**	**des**	**ailes**
if	my	verses	had	(of)	wings

mɛ	vɛr	fʉi rɛ	du‿	ze	frɛ lœ
Mes	**vers**	**fuiraient,**	**doux**	**et**	**frêles,**
my	verses	would fly	sweet	and	frail

vɛr	vɔ trœ	ʒar dɛ̃	si	bo
vers	**votre**	**jardin**	**si**	**beau,**
toward	your	garden	so	beautiful

si	mɛ	vɛr‿	za ve	dɛ‿	ze lœ
si	**mes**	**vers**	**avaient**	**des**	**ailes**
if	my	verses	had	(of)	wings

kɔ mœ	lwa zo
comme	**l'oiseau.**
like	the bird

il	vɔ lœ rɛ	e tɛ̃ sɛ lœ
Ils	**voleraient,**	**étincelles,**
they	would fly	sparks

vɛr	vɔ trœ	fwa je	ki	ri
vers	**votre**	**foyer**	**qui**	**rit,**
toward	your	hearth	which	smiles

si	mɛ	vɛr‿	za ve	dɛ‿	ze lə
si	**mes**	**vers**	**avaient**	**des**	**ailes**
if	my	verses	had	(of)	wings

kɔ mœ	lɛ spri
comme	**l'esprit.**
like	the spirit

prɛ dœ	vu	pyr‿	ze	fi dɛ lœ
Près de	**vous,**	**purs**	**et**	**fidèles,**
close to	you	pure	and	faithful

il‿	za ku rɛ	nʉi‿	te	ʒur
ils	**accourraient**	**nuit**	**et**	**jour,**
they	would hasten	night	and	day

si	mɛ	vɛr‿	za ve	dɛ‿	ze lə
si	**mes**	**vers**	**avaient**	**des**	**ailes**
if	my	verses	had	(of)	wings

kɔ mœ	la mur
comme	**l'amour.**
like	the love

Madrigal

music: Vincent d'Indy
text: Robert de Bonnières

ma dri gal
Madrigal
Madrigal

ki	ʒa mɛ	fy	dœ	ply	ʃar mɑ̃	vi za ʒœ
Qui	**jamais**	**fut**	**de**	**plus**	**charmant**	**visage,**
who	ever	was	of	more	charming	face

dœ	kɔl	ply	blɑ̃	dœ	ʃœ vø	ply	swa jø
de	**col**	**plus**	**blanc,**	**de**	**cheveux**	**plus**	**soyeux;**
of	neck	more	white	of	hair	more	silky

ki	ja mɛ	fy	dœ	ply	ʒɑ̃ ti	kɔr sa ʒœ
qui	**jamais**	**fut**	**de**	**plus**	**gentil**	**corsage,**
who	ever	was	of	more	pleasing	bodice

ki	ʒa mɛ	fy	kœ	ma	da‿	mo	du‿	zjø
qui	**jamais**	**fut**	**que**	**ma**	**Dame**	**aux**	**doux**	**yeux!**
who	ever	(it) was	but	my	Lady	with the	gentle	eyes

ki	ʒa mɛ‿	zy	lɛ vrœ	ply	su ri ɑ̃ tœ
Qui	**jamais**	**eut**	**lèvres**	**plus**	**souriantes,**
who	ever	had	lips	more	smiling

ki	su ri ɑ̃	rɑ̃ di	kœr	ply	ʒwa jø
qui	**souriant**	**rendit**	**cœur**	**plus**	**joyeux,**
which	smiling	made	heart	more	joyful

ply	ʃa stœ	sɛ̃	su	gɛ̃ pœ	trɑ̃ spa rɑ̃ tə
plus	**chaste**	**sein**	**sous**	**guimpes**	**transparentes,**
(a) more	chaste	bosom	beneath	neck piece	transparent

ki	ʒa mɛ‿	zy	kœ	ma	da‿	mo	du‿	zjø
qui	**jamais**	**eut**	**que**	**ma**	**Dame**	**aux**	**doux**	**yeux!**
who	ever	had	but	my	Lady	with the	gentle	eyes

ki	ʒa mɛ‿	zy	vwa	dœ̃	ply	du‿	zɑ̃ tɑ̃ drœ
Qui	**jamais**	**eut**	**voix**	**d'un**	**plus**	**doux**	**entendre,**
who	ever	had	voice	of a	more	sweet	intention

mi ɲɔ nœ	dɑ̃	ki	bu‿	ʃɑ̃ pɛr lœ	mjø
mignonnes	**dents**	**qui**	**bouche**	**emperlent**	**mieux;**
dainty	teeth	which	mouth	ornament with pearls	better

ki	ʒa mɛ	fy	dœ	rœ gar de	si	tɑ̃ drœ
qui	**jamais**	**fut**	**de**	**regarder**	**si**	**tendre,**
who	ever	was	of	to look at	so	tender

ki	ʒa mɛ	fy	kœ	ma	da‿	mo	du‿	zjø
qui	**jamais**	**fut**	**que**	**ma**	**Dame**	**aux**	**doux**	**yeux!**
who	ever	was	but	my	Lady	with the	gentle	eyes

366

Si tu le veux

music: Charles Koechlin
text: Maurice de Marsan

si   ty   lœ   vø   o   mɔ̃   na mur
Si   tu   le   veux,   ô   mon   amour,
if   you   it   wish   o   my   love

sœ   swar   dɛ kœ   la   fɛ̃   dy   ʒur
ce   soir   dès que   la   fin   du   jour
this   evening   as soon as   the   end   of the   day

sœ ra   vœ ny ə
sera   venue,
will be   come

kɑ̃   lɛ   ze twa lœ   syr ʒi rɔ̃
quand   les   étoiles   surgiront,
when   the   stars   come into view

e   mɛ trɔ̃   de   klu   dɔr   o   fɔ̃
et   mettront   des   clous   d'or   au   fond
and   put   (of)   nails   of gold   in the   depth

blø   dœ   la   ny ə
bleu   de   la   nue,
blue   of   the   sky

nu   par ti rɔ̃   sœl   tu lɛ dø
nous   partirons   seuls   tous les deux
we   will depart   alone   all   the   two (*idiom:* = both of us)

dɑ̃   la   nɥi   bry nœ   ɑ̃   na mu rø
dans   la   nuit   brune   en   amoureux,
into   the   night   dark   in   loving

sɑ̃   kɔ̃   nu   vwa ə
sans   qu'on   nous   voie,
without   that one   us   may see

e   tɑ̃ drœ mɑ̃   ʒœ   tœ   di re
et   tendrement   je   te   dirai
and   tenderly   I   you   will tell

œ̃   ʃɑ̃   da mu   ru   ʒœ   mɛ tre
un   chant   d'amour   où   je   mettrai
a   song   of love   in which   I   will put

tu tœ   ma   ʒwa ə
toute   ma   joie.
all   my   joy

mɛ   kɑ̃   ty   rɑ̃ trœ ra   ʃe   twa
Mais   quand   tu   rentreras   chez   toi,
but   when   you   will return   at home   you(r)

si   lɔ̃   tœ   dœ mɑ̃ dœ   pur kwa
si   l'on   te   demande   pourquoi,
if   the one   you   asks   why

mi ɲɔ nœ   fe ə
mignonne   fée,
darling   enchanting

tɛ   ʃœ vø   sɔ̃   ply   fu   ka vɑ̃
tes   cheveux   sont   plus   fous   qu'avant,
your   hair [s]   are [is]   more   loose   than before

ty   re pɔ̃ dra   kœ   sœl   lœ   vɑ̃
tu   répondras   que   seul   le   vent
you   will answer   that   only   the   wind

ta		de kwa fe
t'a		**décoiffée,**
you has		ruffled (the hair)

si	ty	lœ	vø	o	mõ͜	na mur
si	**tu**	**le**	**veux,**	**ô**	**mon**	**amour.**
if	you	it	wish	o	my	love

Oh! quand je dors

music: Franz Liszt
text: Victor Hugo

o	kã	ʒœ	dør	vjẽ͜	zo prɛ dœ	ma	ku ʃœ
Oh!	**quand**	**je**	**dors,**	**viens**	**auprès de**	**ma**	**couche,**
oh	when	I	am sleeping	come	close to	my	bed

kɔ͜	ma	pe trar͜	ka pa rɛ sɛ	lau ra
comme	**à**	**Pétrarque**	**apparaissait**	**Laura,**
like	to	Petrarch	appeared	Laura

e	kã	pɑ sã	tõ͜	na lɛ nœ	mœ	tu ʃœ
et	**qu'en**	**passant**	**ton**	**haleine**	**me**	**touche…**
and	that in	passing	your	breath	me	may touch

su dẽ	ma	bu ʃœ
Soudain	**ma**	**bouche**
suddenly	my	mouth

sã tru vri ra
s'entr'ouvrira!
will open up

syr	mõ	frõ	mɔr͜	nu	pø tɛ trœ	sa ʃɛ vœ
Sur	**mon**	**front**	**morne**	**où**	**peut-être**	**s'achève**
upon	my	brow	dejected	where	perhaps	draws to a close

œ̃	sõ ʒœ	nwar	ki	tro	lõ tã	dy ra
un	**songe**	**noir**	**qui**	**trop**	**longtemps**	**dura,**
a	dream	dark	which	too	long time	lasted

kœ	tõ	rœ gar	kɔ͜	mœ̃͜	na strœ	se lɛ vœ
que	**ton**	**regard**	**comme**	**un**	**astre**	**s'élève…**
that	your	glance	like	a	star	may arise

su dẽ	mõ	rɛ vœ
Soudain	**mon**	**rêve**
suddenly	my	dream

rɛ jɔ nœ ra
rayonnera!
will be radiant

pɥi	syr	ma	lɛ vrœ	u	vɔl ti͜	ʒy nœ	flɑ mœ
Puis	**sur**	**ma**	**lèvre**	**où**	**voltige**	**une**	**flamme,**
then	upon	my	lip	where	hovers	a	flame

e klɛr	da mur	kœ	djø	mɛ͜	me py ra
éclair	**d'amour**	**que**	**Dieu**	**même**	**épura,**
flash	of love	which	God	himself	purified

po͜	zœ	bɛ ze	e	dã ʒœ	dœ vjẽ	fa mœ
pose	**un**	**baiser,**	**et**	**d'ange**	**deviens**	**femme…**
place	a	kiss	and	from angel	become	woman

su dɛ̃	mõ‿	na mœ
Soudain	**mon**	**âme**
suddenly	my	soul

se vɛ jœ ra
s'éveillera!
will awaken

o	vjɛ̃	kɔ‿	ma	pe trar‿	ka pa rɛ sɛ	lau ra
Oh	**viens!**	**comme**	**à**	**Pétrarque**	**apparaissait**	**Laura!**
oh	come	like	to	Petrarch	appeared	Laura

Plaisir d'amour

music: Johann-Paul Martini
text: Jean-Pierre Claris de Florian

plɛ zir	da mur	nœ	dy rœ	kœ̃	mɔ mɑ̃
Plaisir	**d'amour**	**ne**	**dure**	**qu'un**	**moment,**
pleasure	of love	not	lasts	but a	moment

ʃa grɛ̃	da mur	dy rœ	tu tœ	la	vi œ
chagrin	**d'amour**	**dure**	**toute**	**la**	**vie.**
sorrow	of love	lasts	all	the	life

ʒe	tu	ki te	pur	lɛ̃ gra tœ	sil vi œ
J'ai	**tout**	**quitté**	**pour**	**l'ingrate**	**Sylvie,**
I have	everything	given up	for	the ungrateful	Sylvia

ɛ lœ	mœ	ki‿	te	prɑ̃‿	tœ̃‿	no‿	tra mɑ̃
elle	**me**	**quitte**	**et**	**prend**	**un**	**autre**	**amant.**
she	me	leaves	and	takes	an	other	lover

plɛ zir	da mur	nœ	dy rœ	kœ̃	mɔ mɑ̃
Plaisir	**d'amour**	**ne**	**dure**	**qu'un**	**moment,**
pleasure	of love	not	lasts	but a	moment

ʃa grɛ̃	da mur	dy rœ	tu tœ	la	vi œ
chagrin	**d'amour**	**dure**	**toute**	**la**	**vie.**
sorrow	of love	lasts	all	the	life

tɑ̃ kœ	sɛ‿	to	ku lœ ra	du sœ mɑ̃
Tant que	**cette**	**eau**	**coulera**	**doucement**
as long as	this	water	will flow	gently

vɛr	sœ	rɥi so	ki	bɔr dœ	la	prɛ ri œ
vers	**ce**	**ruisseau**	**qui**	**borde**	**la**	**prairie,**
toward	that	brook	which	borders	the	meadow

ʒœ	tɛ mœ re	mœ	re pe tɛ	sil vi œ
je	**t'aimerai,**	**me**	**répétait**	**Sylvie.**
I	you will love	to me	repeated	Sylvia

lo	ku‿	lɑ̃ kɔr	ɛ‿	la	ʃɑ̃ ʒe	pur tɑ̃
L'eau	**coule**	**encor,**	**elle**	**a**	**changé**	**pourtant.**
the water	flows	still	she	has	changed	however

plɛ zir	da mur	nœ	dy rœ	kœ̃	mɔ mɑ̃
Plaisir	**d'amour**	**ne**	**dure**	**qu'un**	**moment,**
pleasure	of love	not	lasts	but a	moment

ʃa grɛ̃	da mur	dy rœ	tu tœ	la	vi œ
chagrin	**d'amour**	**dure**	**toute**	**la**	**vie.**
sorrow	of love	lasts	all	the	life

Nuit d'Espagne

music: Jules Massenet
text: Louis Gallet

nɥi   dɛ spaɲ
Nuit   d'Espagne
night   of Spain

lɛ‿   rɛ‿   tɑ̃ bo me
L'air   est   embaumé,
the air   is   balmy

la   nɥi‿   tɛ   sœ rɛ nœ
la   nuit   est   sereine
the   night   is   serene

e   mõ‿   nɑ‿   mɛ   plɛ nœ
et   mon   âme   est   pleine
and   my   soul   is   full

dœ   pɑ̃ se   ʒwa jø
de   pensers   joyeux;
of   thoughts   joyous

vjɛ̃   o   bjɛ̃‿ nɛ me œ
viens!   ô   bien aimée!
come   o   dearly beloved one

vwa si   lɛ̃ stɑ̃   dœ   la mur
Voici   l'instant   de   l'amour!
here is   the moment   of   the love

dɑ̃   lɛ   bwɑ   prɔ fõ
Dans   les   bois   profonds,
into   the   woods   deep

u   lɛ   flœr   ʃɑ̃ dɔr mœ
où   les   fleurs   s'endorment,
where   the   flowers   are sleeping

u   ʃɑ̃ tœ   lɛ   sur sœ
où   chantent   les   sources,
where   are singing   the   springs

vi‿   tɑ̃ fɥi jõ   nu
vite   enfuyons   nous!
quickly   let us flee   (us)

vwa   la   ly‿   nɛ   klɛ rœ
Vois,   la   lune   est   claire
see   the   moon   is   clear

e   nu   su ri   dɑ̃   lœ   sjɛl
et   nous   sourit   dans   le   ciel.
and   on us   smiles   in   the   sky.

lɛ‿   zjø‿   zɛ̃ di skrɛ
Les   yeux   indiscrets
the   eyes   indiscreet

nœ   sõ   ply‿   za   krɛ̃ drœ
ne   sont   plus   à   craindre.
not   are   anymore   (to)   to fear

vjɛ̃   o   bjɛ̃‿ nɛ me œ
Viens!   ô   bien aimée!
come   o   dearly beloved one

la   nɥi   prɔ tɛ ʒœ   tõ   frõ   ru ʒi sɑ̃
La   nuit   protège   ton   front   rougissant!
the   night   shelters   your   brow   blushing

la   nɥi‿   tɛ   sœ rɛ nœ
La   nuit   est   sereine,
the   night   is   serene

a pɛ zœ   mõ   kœr
apaise   mon   cœur!
appease   my   heart

vjɛ̃   o   bjɛ̃‿ nɛ me œ
Viens!   ô   bien aimée!
come   o   dearly beloved one

sɛ   lœ rœ   da mur
C'est   l'heure   d'amour!
it is   the hour   of love

dã   lœ   sõ‿   bra zyr
Dans   le   sombre   azur,
in   the   dark   blue (sky)

lɛ   blõ dœ‿   ze twa lœ
les   blondes   étoiles
the   pale   stars

e kar tœ   lœr   vwa lœ
écartent   leurs   voiles
open   their   veils

pur   tœ   vwar   pɑ se
pour   te   voir   passer,
for   you   to see   to pass by

vjɛ̃   o   bjɛ̃‿ nɛ me œ
Viens!   ô   bien aimée!
come   o   dearly beloved one

vwa si   lɛ̃ stã   dœ   la mur
Voici   l'instant   de   l'amour!
here is   the moment   of   the love

ʒe   vy   sã tru vrir
J'ai   vu   s'entr'ouvrir
I have   seen   to draw slightly aside

tõ   ri do   dœ   gɑ zœ
ton   rideau   de   gaze.
your   curtain   of   gauze

ty   mã tã   kry ɛ‿
Tu   m'entends,   cruelle,
you   me hear   cruel one

le   ty   nœ   vjɛ̃   pɑ
et   tu   ne   viens   pas!
and   you   not   come   (not)

vwa   la   ru‿   tɛ   sõ brœ
Vois,   la   route   est   sombre
look   the   path   is   dark

su   lɛ   ra mo‿   zã la se
sous   les   rameaux   enlacés!
beneath   the   branches   intertwined

kœ‿   jã   lœr   splã dœr
Cueille   en   leur   splendeur
gather   in   their   splendor

tɛ	ʒœ nœ‿	za ne œ	
tes	**jeunes**	**années,**	
your	young	years	

vjɛ̃	kar	lœ‿	rɛ	bre vœ
viens!	**car**	**l'heure**	**est**	**brève,**
come	for	the hour	is	brief

œ̃	ju‿	re fœ jœ	lɛ	flœr	dy	prɛ̃ tã
Un	**jour**	**effeuille**	**les**	**fleurs**	**du**	**printemps!**
one	day	plucks off	the	flowers	of the	springtime

la	nɥi‿	tɛ	sœ rɛ nœ	a pɛ zœ	mɔ̃	kœr
La	**nuit**	**est**	**sereine,**	**apaise**	**mon**	**cœur!**
the	night	is	serene	appease	my	heart

vjɛ̃	o	bjɛ̃‿ nɛ me œ
Viens!	**ô**	**bien aimée!**
come	o	dearly beloved one

Si tu veux, Mignonne

music: Jules Massenet
text: Abbé Claude Georges Boyer

si	ty	vø	mi ɲɔ‿	no	prɛ̃ tã
Si	**tu**	**veux,**	**Mignonne,**	**au**	**printemps**
if	you	wish	Mignonne	in the	springtime

nu	vɛ rɔ̃	flœ rir	lo be pi nə
nous	**verrons**	**fleurir**	**l'aubépine,**
we	will see	to flower	the hawthorn

ki	sɛ mœ	dã	lɛ	pre	nɛ sã
qui	**sème**	**dans**	**les**	**prés**	**naissants**
which	sows	in	the	meadows	budding

la	nɛ ʒœ	dœ	sa	tɛ tœ	fi nœ
la	**neige**	**de**	**sa**	**tête**	**fine,**
the	snow	from	its	head	delicate

si	ty	vø	mi ɲɔ‿	no	prɛ̃ tã
Si	**tu**	**veux,**	**Mignonne,**	**au**	**printemps**
if	you	wish	Mignonne	in the	springtime

nu	vɛ rɔ̃	flœ rir	lo be pi nə
nous	**verrons**	**fleurir**	**l'aubépine!**
we	will see	to flower	the hawthorn

si	ty	vø	kã	vjɛ̃ dra	le te
Si	**tu**	**veux,**	**quand**	**viendra**	**l'été,**
if	you	wish	when	will come	the summer

nu‿	ze ku tœ rɔ̃	dã	lɛ	brã ʃœ
nous	**écouterons**	**dans**	**les**	**branches**
we	will listen to	in	the	branches

lɛ	ʃã	da mu‿	re	dœ	ge te
les	**chants**	**d'amour**	**et**	**de**	**gaîté**
the	songs	of love	and	of	gaiety

dɛ	pœ ti tœ	kɔ lɔ̃ bœ	blã ʃœ
des	**petites**	**colombes**	**blanches,**
of the	little	doves	white

si	ty	vø	kã	vjɛ̃ dra	le te
Si	**tu**	**veux,**	**quand**	**viendra**	**l'été,**
if	you	wish	when	will come	the summer

nu‿	ze ku tœ rõ	dã	lɛ	brã ʃœ		
nous	**écouterons**	**dans**	**les**	**branches!**		
we	will listen to	in	the	branches		

nu‿	zi rõ	dã	lɛ	bwɑ	ʒo ni	
Nous	**irons**	**dans**	**les**	**bois**	**jaunis,**	
we	will go	into	the	woods	turned yellow	

si	ty	vø	kã	vjɛ̃ dra	lo tɔ nœ	
si	**tu**	**veux,**	**quand**	**viendra**	**l'automne,**	
if	you	wish	when	will come	the autumn	

pur	kɛ lœ‿	zɛ	ʃo	dã	lœr	ni
pour	**qu'elles**	**aient**	**chaud**	**dans**	**leurs**	**nids**
for	that they	have	warmth	in	their	nests

lœr	pɔr te	dɛ	brɛ̃	da ne mɔ nœ		
leur	**porter**	**des**	**brins**	**d'anémone,**		
to them	to bring	(of)	sprigs	of anemone		

si	ty	vø	mi ɲɔ‿			
Si	**tu**	**veux,**	**Mignonne,**			
if	you	wish	Mignonne			

nu‿	zi rõ	dã	lɛ	bwɑ	ʒo ni	
nous	**irons**	**dans**	**les**	**bois**	**jaunis,**	
we	will go	into	the	woods	turned yellow	

kã	vjɛ̃ dra	lo tɔ nœ				
quand	**viendra**	**l'automne...**				
when	will come	the autumn				

e	pɥi	kã	rœ vjɛ̃ dra	li vɛr		
Et	**puis,**	**quand**	**reviendra**	**l'hiver...**		
and	then	when	will return	the winter		

nu	nu rœ su vjɛ̃ drõ	dɛ	ro zœ			
nous	**nous ressouviendrons**	**des**	**roses,**			
we	we will remember	(of) the	roses			

dy	prɛ̃ tã	e	dy	sã tje	vɛr	
du	**printemps,**	**et**	**du**	**sentier**	**vert**	
(of) the	springtime	and	(of) the	path	green	

u	ty	ma	ʒy re	tã dœ	ʃo zœ	
où	**tu**	**m'as**	**juré**	**tant de**	**choses!**	
where	you	to me have	sworn	so many (of)	things	

a lɔr	kã	rœ vjɛ̃ dra	li vɛr			
Alors...	**quand**	**reviendra**	**l'hiver...**			
and then	when	will return	the winter			

nu	nu rœ su vjɛ̃ drõ	dɛ	ro zœ			
nous	**nous ressouviendrons**	**des**	**roses!**			
we	we will remember	(of) the	roses			

si	ty	vø	mi ɲɔ‿			
Si	**tu**	**veux,**	**Mignonne!**			
if	you	wish	Mignonne			

Dans un bois solitaire

music: Wolfgang Amadeus Mozart
text: Antoine Houdar de la Motte

dã‿	zœ	bwɑ	sɔ li tɛ rœ	e	sõ brœ
Dans	**un**	**bois**	**solitaire**	**et**	**sombre**
in	a	forest	deserted	and	dark

ʒœ	mœ prɔ mœ nɛ	lotr[ə] ʒur		
je	**me promenais**	**l'autr'jour,**		
I	was taking a walk	the other day		

œ‿	nã fã‿ ti	dɔr mɛ‿	ta	lõ brœ
Un	**enfant y**	**dormait**	**à**	**l'ombre;**
a	child there	was sleeping	in	the shade

se tɛ	lœ	rœ du tab lœ	a mur	
c'était	**le**	**redoutable**	**Amour.**	
it was	the	formidable	Cupid	

ʒa prɔ ʃœ	sa	bo te	mœ	fla tœ
J'approche,	**sa**	**beauté**	**me**	**flatte,**
I draw near	his	beauty	me	charms

mɛ	ʒœ	dœ vɛ	mã	de fje
mais	**je**	**devais**	**m'en**	**défier;**
but	I	should	me of it	to distrust

i‿	la vɛ	lɛ	trɛ	dy‿	nẽ gra tœ
il	**avait**	**les**	**traits**	**d'une**	**ingrate,**
he	had	the	traits	of an	unfaithful one

kœ	ʒa vɛ	ʒy re	du bli e		
que	**j'avais**	**juré**	**d'oublier.**		
whom	I had	sworn	(of) to forget		

i‿	la vɛ	la	bu ʃœ	vɛr mɛ jœ	
Il	**avait**	**la**	**bouche**	**vermeille,**	
he	had	the	mouth	vermilion	

lœ	tẽ‿	to si	frɛ	kœ	lœ	sjẽ
le	**teint**	**aussi**	**frais**	**que**	**le**	**sien.**
the	complexion	as	fresh	as	the	hers

œ‿	su pir	me ʃa pœ	il	se vɛ jœ	
Un	**soupir**	**m'échappe,**	**il**	**s'éveille;**	
a	sigh	from me escapes	he	wakes up	

la mur	sœ re vɛ jœ	dœ	rjẽ	
l'Amour	**se réveille**	**de**	**rien.**	
the love	wakes up	from	anything	

o si to	de plwa jã	sɛ‿	zɛ lœ	e	sɛ zi sã
Aussitôt	**deployant**	**ses**	**ailes**	**et**	**saisissant**
immediately	spreading	his	wings	and	seizing

sõ‿	nark	vã ʒœr		
son	**arc**	**vengeur,**		
his	bow	avenging		

ly nœ	dœ	sɛ	flɛ ʃœ	kry ɛ lœ	ã	par tã
l'une	**de**	**ses**	**flêches,**	**cruelles**	**en**	**partant,**
the one	of	his	arrows	cruel	in	setting off

il	mœ	blɛ sœ	o	kœr	
il	**me**	**blesse**	**au**	**cœur.**	
he	me	wounds	at the	heart	

va	va	di til	o	pje	dœ	sil vi œ
Va!	**va,**	**dit-il,**	**aux**	**pieds**	**de**	**Sylvie,**
go	go	says he	to the	feet	of	Sylvia

dœ nu vo	lã gi‿	re	bry le
de nouveau	**languir**	**et**	**brûler!**
again	to languish	and	burn

ty	lε mœ ra	tu tœ	ta	vi œ
Tu	**l'aimeras**	**toute**	**ta**	**vie,**
you	her will love	all	your	life

pu‿	ra vwa‿	ro ze	me vε je
pour	**avoir**	**osé**	**m'éveiller.**
for	to have	dared	to wake me up

Psyché

music: Emile Paladilhe
text: Pierre Corneille

psi ʃe
Psyché
Psyche

ʒœ	sɥi	ʒa lu	psi ʃe	dœ	tu tœ	la	na ty rœ
Je	**suis**	**jaloux,**	**Psyché,**	**de**	**toute**	**la**	**nature:**
I	am	jealous	Psyche	of	all	the	nature

lε	rε jõ	dy	sɔ lεj	vu	bε zœ	tro	su vã
les	**rayons**	**du**	**soleil**	**vous**	**baisent**	**trop**	**souvent;**
the	rays	of the	sun	you	kiss	too	often

vos	ʃœ vø	su frœ	tro	lε	ka rε sœ	dy	vã
vos	**cheveux**	**souffrent**	**trop**	**les**	**caresses**	**du**	**vent:**
your	hair(s)	endure	too much	the	caresses	of the	wind

	kã‿	til	le		fla tœ	ʒã	myr my rœ
	quand	**il**	**les**		**flatte,**	**j'en**	**murmure;**
	when	it	them [your hair(s)]		strokes	I of it	complain

	lεr	mε mœ	kœ	vu	rε spi re
	l'air	**même**	**que**	**vous**	**respirez**
	the air	itself	which	you	breathe

a vεk	tro	dœ	plε zir	pɑ sœ	syr	vɔ trœ	bu ʃə
avec	**trop**	**de**	**plaisir**	**passe**	**sur**	**votre**	**bouche;**
with	too much	(of)	pleasure	passes	over	your	mouth

	vɔ‿	tra bi	dœ	tro	prε	vu	tu ʃœ
	votre	**habit**	**de**	**trop**	**près**	**vous**	**touche;**
	your	dress	(of)	too much	close to	you	touches

	e	si to	kœ	vu	su pi re
	et	**sitôt**	**que**	**vous**	**soupirez,**
	and	as soon	that	you	sigh

	ʒœ	nœ	sε	kwa	ki	me fa ru ʃœ
	je	**ne**	**sais**	**quoi**	**qui**	**m'effarouche**
	I	not	know	what	which	me scares away

krẽ	par mi	vos	su pir	dε	su pi‿	ze ga re
craint	**parmi**	**vos**	**soupirs**	**des**	**soupirs**	**égarés.**
fears	amidst	your	sighs	of (the)	sighs	gone astray

LE BESTIAIRE

lə   bɛ stjɛr
LE   BESTIAIRE
the   Bestiary

u   kɔr tɛʒ   dɔr fe
ou   Cortège   d'Orphée
or   Retinue   of Orpheus

Le dromadaire

music: Francis Poulenc
text: Guillaume Apollinaire

lœ   drɔ ma dɛr
Le   dromadaire
the   dromedary

a vɛk   sɛ   ka trœ   drɔ ma dɛr [ə]
Avec   ses   quatre   dromadaires
with   his   four   dromedaries

dõ   pe dro   dal fa ru bɛ ra
Don   Pedro   d'Alfaroubeira
Don   Pedro   d'Alfaroubeira

ku ry   lœ   mõ   de   lad mi ra
courut   le   monde   et   l'admira.
roamed throughout   the   world   and   it admired

il   fi   sœ   kœ   ʒœ   vu drɛ   fɛ rə
Il   fit   ce   que   je   voudrais   faire
he   did   that   which   I   would like   to do

si   ʒa vɛ   ka trœ   drɔ ma de rə
si   j'avais   quatre   dromadaires.
if   I had   four   dromedaries

La chèvre du Thibet

music: Francis Poulenc
text: Guillaume Apollinaire

la   ʃɛ vr   dy   ti bɛ
La   chèvre   du   Thibet
the   goat   from (the)   Tibet

lɛ   pwal   dœ   sɛ tœ   ʃɛ vrə   e   mɛ mə
Les   poils   de   cette   chèvre   et   même
the   hair(s)   of   this   goat   and   even

sø   dɔr   pur   ki   pri   tɑ̃   dœ   pe nœ
ceux   d'or   pour   qui   prit   tant   de   peine
those   of gold   for   which   took   so much   (of)   trouble

ʒa zõ   nœ   va lœ   rjɛ̃   no   pri
Jason   ne   valent   rien   au   prix
Jason   not   are worth   anything   in   comparison

dɛ   ʃœ vø   dõ   ʒœ   sɥi   ze pri
des   cheveux   dont   je   suis   épris.
with the   hair(s)   of which   I   am   smitten

376

La sauterelle

music: Francis Poulenc
text: Guillaume Apollinaire

la   so trɛl
La   **sauterelle**
the   grasshopper

vwa si   la   fi nœ   so tœ rɛ lœ
Voici   **la**   **fine**   **sauterelle,**
here is   the   delicate   grasshopper

la   nu ri tyr   dœ   sɛ̃   ʒɑ̃
la   **nourriture**   **de**   **Saint**   **Jean,**
the   food   of   Saint   John

pɥi sœ   mɛ   vɛr‿   zɛ trœ   kɔ‿   mɛ lœ
Puissent   **mes**   **vers**   **être**   **comme**   **elle**
may be able   my   verses   to be   like   it

lœ   re gal   dɛ   mɛ jœ rœ   ʒɑ̃
le   **régal**   **des**   **meilleures**   **gens.**
the   feast   of the   best   people

Le dauphin

music: Francis Poulenc
text: Guillaume Apollinaire

lœ   do fɛ̃
Le   **dauphin**
the   dolphin

do fɛ̃   vu   ʒu e   dɑ̃   la   mɛr
Dauphins,   **vous**   **jouez**   **dans**   **la**   **mer,**
dolphins   you   play   in   the   sea

mɛ   lœ   flo   ɛ   tu ʒu‿   ra mɛr
mais   **le**   **flot**   **est**   **toujours**   **amer.**
but   the   wave   is   always   briny

par fwa   ma   ʒwa   e kla tœ tɛ lə
Parfois,   **ma**   **joie**   **éclate-t-elle?**
at times   my   joy   bursts forth to you it

la   vi   ɛ‿   tɑ̃ kɔ rœ   cry ɛ lə
La   **vie**   **est**   **encore**   **cruelle.**
the   life   is   still   cruel

L'écrevisse

music: Francis Poulenc
text: Guillaume Apollinaire

le krə vis
L'écrevisse
The crayfish

ɛ̃ sɛr ti tyd [ə]	o	mɛ	de li sə
Incertitude,	**ô**	**mes**	**délices**
uncertainty	o	my	delight(s)

vu‿	ze	mwa	nu	nu‿ zɑ̃‿ na l�õ
vous	**et**	**moi**	**nous**	**nous en allons**
you	and	me	we	(we) move

kɔ mœ	sɑ̃ võ	lɛ‿	ze crœ vi sə
comme	**s'en vont**	**les**	**écrevisses,**
like	(they) move	the	crayfish

a rœ ky lõ	a rœ ky lõ
à reculons,	**à reculons.**
backwards	backwards

La carpe

music: Francis Poulenc
text: Guillaume Apollinaire

la	karp
La	**carpe**
the	carp

dɑ̃	vo	vi vje	dɑ̃	vo‿	ze tɑ̃
Dans	**vos**	**viviers,**	**dans**	**vos**	**étangs,**
in	your	ponds	in	your	pools

kar pœ	kœ	vu	vi ve	lõ tɑ̃
carpes,	**que**	**vous**	**vivez**	**longtemps!**
carps	how	you	live	a long time

ɛ sœ	kœ	la	mɔr	vu‿	zu bli
Est-ce	**que**	**la**	**mort**	**vous**	**oublie,**
is it	that	the	death	you	forgets

pwa sõ	dœ	la	me lɑ̃ kɔ li
poissons	**de**	**la**	**mélancolie?**
fish	of	the	melancholy

Sainte

music: Maurice Ravel
text: Stéphane Mallarmé

sɛ̃t
Sainte
Saint

a	la	fœ nɛ trœ	rœ se lɑ̃
À	**la**	**fenêtre**	**recélant**
at	the	window	concealing

lœ	sɑ̃ tal	vjø	ki	sœ de dɔ rœ
le	**santal**	**vieux**	**qui**	**se dédore**
the	sandalwood	old	which	loses its gilt

dœ	sa	vi ɔ‿ le tɛ̃ sœ lɑ̃
de	**sa**	**viole** **étincelant**
of	her	viol sparkling

ʒa dis‿	sœ lõ	fly‿	tu	mɑ̃ dɔr
jadis	**selon**	**flûte**	**ou**	**mandore,**
formerly	in accordance with	flute	or	mandola

ɛ	la	sɛ̃ tœ	pɑ‿	le ta lɑ̃
est	**la**	**Sainte**	**pâle,**	**étalant**
is	the	Saint	pale	displaying

lœ	li vrœ	vjø	ki	sœ de pli œ
le	**livre**	**vieux**	**qui**	**se déplie**
the	book	old	which	opens up

dy	ma ɲi fi kat	rɥi sœ lɑ̃
du	**Magnificat**	**ruisselant**
to the	Magnificat	brimming

ʒa dis	sœ lõ	vɛ p‿	[ru]	kõ pli
jadis	**selon**	**vêpres**	**[ou]**	**complie:**
formerly	in accordance with	vespers	[or]	compline

a	sœ	vi tra ʒœ	dɔ stɑ̃ swar
À	**ce**	**vitrage**	**d'ostensoir**
at	this	glass window	of [like a] monstrance

kœ	fro‿	ly nœ	ar pœ	par	lɑ̃ ʒœ
que	**frôle**	**une**	**harpe**	**par**	**l'Ange**
which	touches lightly	a	harp	by	the Angel

fɔr me	a vɛk	sõ	vɔl	dy	swar
formée	**avec**	**son**	**vol**	**du**	**soir**
created	with	his	flight	of the	evening

pur	la	de li ka tœ	fa lɑ̃ ʒœ
pour	**la**	**délicate**	**phalange**
for	the	delicate	(finger) bone

dy	dwa	kœ	sɑ̃	lœ	vjø	sɑ̃ tal
du	**doigt**	**que,**	**sans**	**le**	**vieux**	**santal,**
of the	finger	which	without	the	old	sandalwood

ni	lœ	vjø	li‿	vrɛ lœ	ba lɑ̃ sœ
ni	**le**	**vieux**	**livre,**	**elle**	**balance**
nor	the	old	book	she	balances

syr	lœ	ply ma‿	ʒɛ̃ stry mɑ̃ tal
sur	**le**	**plumage**	**instrumental,**
on	the	plumage	instrumental

my zi si ɛ nœ	dy	si lɑ̃s
musicienne	**du**	**silence.**
musician	of the	silence

CINQ MÉLODIES POPULAIRES GRECQUES

sɛ̃k	me lɔ di	pɔ py lɛr	grɛk
Cinq	**mélodies**	**populaires**	**grecques**
five	songs	popular	Greek

Le réveil de la mariée

music: Maurice Ravel
text: Traditional Greek folk song
translation: M.D. Calvocoressi

lə	re vɛj	də	la	ma rje
Le	**réveil**	**de**	**la**	**mariée**
the	waking up	of	the	bride-to-be

re vɛ jœ twa	re vɛ jœ twa	pɛr dri	mi ɲɔ nœ
Réveille-toi,	**réveille-toi,**	**perdrix**	**mignonne.**
wake up	wake up	partridge	darling

[a	re vɛ jœ twa	re vɛ jœ twa	pɛr dri	mi ɲɔ nœ]
[Ah!	**Réveille-toi,**	**réveille-toi,**	**perdrix**	**mignonne.]**
[Ah	wake up	wake up	partridge	darling]

u‿	vro	ma tɛ̃	tɛ‿	zɛ lœ
Ouvre	**au**	**matin**	**tes**	**ailes.**
open	to the	morning	your	wings

trwa	grɛ̃	dœ	bo te	mõ	kœ‿	rɑ̃‿	nɛ	bry le
Trois	**grains**	**de**	**beauté,**	**mon**	**cœur**	**en**	**est**	**brûlé.**
three	spots	of	beauty	my	heart	from them	is	on fire

vwa	lœ	ry bɑ̃	lœ	ry bɑ̃	dɔr	kœ	ʒœ	ta pɔr tœ
Vois	**le**	**ruban,**	**le**	**ruban**	**d'or**	**que**	**je**	**t'apporte**
see	the	ribbon	the	ribbon	of gold	which	I	to you bring

pur	lœ	nu e	o tur	dœ	tɛ	ʃœ vø
pour	**le**	**nouer**	**autour**	**de**	**tes**	**cheveux.**
for	it	to tie	around	(of)	your	hair

si	ty	vø	ma	bɛ lœ	vjɛ̃	nu	ma ri e
Si	**tu**	**veux,**	**ma**	**belle,**	**viens**	**nous**	**marier:**
if	you	wish	my	beautiful one	come	us	to get married

dɑ̃	no	dø	fa mi jœ	tus	sõ‿	ta li e
dans	**nos**	**deux**	**familles,**	**tous**	**sont**	**alliés.**
in	our	two	families	all	are	related

Là-bas, vers l'église

music: Maurice Ravel
text: Traditional Greek folk song
translation: M.D. Calvocoressi

la bɑ	vɛr	le gli zœ
Là-bas,	**vers**	**l'église,**
over there	toward	the church

vɛr	le gli‿	za jo	si de ro
vers	**l'église**	**Ayio**	**Sidéro,**
toward	the church	Saint	Sideros

le gliz	o	vjɛr ʒœ	sɛ̃ tœ
l'église,	**ô**	**Vierge**	**sainte,**
the church	o	Virgin	Holy

le gli͜	za jo	ko stan di no
l'église,	**Ayio**	**Costanndino**
the church	Saint	Constantine

sœ sõ	re y ni	ra sã ble͜	zã	nõ͜	brɛ̃ fi ni
se sont	**réunis,**	**rassemblés**	**en**	**nombre**	**infini,**
are	re-united	assembled	in	number	infinite

dy	mõd	o	vjɛr ʒœ	sɛ̃ tœ
du	**monde,**	**ô**	**Vierge**	**sainte,**
in the	world	o	Virgin	Holy

dy	mõ dœ	tu	lɛ	ply	bra vœ
du	**monde**	**tous**	**les**	**plus**	**braves!**
in the	world	all	the	most	brave ones

Quel galant m'est comparable?

music: Maurice Ravel
text: Traditional Greek folk song
translation: M.D. Calvocoressi

kɛl	ga lã	mɛ	kõ pa ra blœ
Quel	**galant**	**m'est**	**comparable,**
what	gallant	to me is	comparable

dã trœ	sø	kõ	vwa	pɑ se
d'entre	**ceux**	**qu'on**	**voit**	**passer?**
(of) among	those	whom one	sees	to pass by

di	da mœ	va si li ki
Dis,	**Dame**	**Vassiliki?**
say	Lady	Vassiliki

vwa	pã dy	pã dy͜	za	ma	sɛ̃ ty rœ
Vois,	**pendus,**	**pendus**	**à**	**ma**	**ceinture,**
see	hanging	handing	at	my	belt

pi stɔ lɛ͜	ze	sɑ͜	brɛ gy
pistolets	**et**	**sabre**	**aigu...**
pistols	and	sabre	sharp-pointed

e	sɛ	twa	kœ	ʒɛ mœ
et	**c'est**	**toi**	**que**	**j'aime!**
and	it is	you	whom	I love

Chanson des cueilleuses de lentisques

music: Maurice Ravel
text: Traditional Greek folk song
translation: M.D. Calvocoressi

ʃã sõ	de	kœ jøz	də	lã tisk
Chanson	**des**	**cueilleuses**	**de**	**lentisques**
song	of the	gatherers	of	lentisks

o	ʒwa	dœ	mõ͜	na mœ
Ô	**joie**	**de**	**mon**	**âme,**
o	joy	of	my	soul

ʒwa	dœ	mõ	kœr	tre zɔr	ki	me	si	ʃɛr
joie	**de**	**mon**	**cœur,**	**trésor**	**qui**	**m'est**	**si**	**cher;**
joy	of	my	heart	treasure	which	to me is	so	dear

ʒwa   dœ   lɑ‿   me   dy   kœr
joie **de** **l'âme** **et** **du** **cœur,**
joy   of   the soul   and   of the   heart

twa   kœ   ʒɛ‿   mar dɑ̃ mɑ̃
toi **que** **j'aime** **ardemment,**
you   whom   I love   ardently

ty   e   ply   bo   kœ̃‿   nɑ̃ ʒœ
tu **es** **plus** **beau** **qu'un** **ange.**
you   are   more   beautiful   than an   angel

o   lɔr skœ   ty   pa rɛ   ɑ̃ ʒœ   si   du
Ô **lorsque** **tu** **parais,** **ange** **si** **doux,**
oh   when   you   appear   angel   so   sweet

dœ vɑ̃   no‿   zjø
devant **nos** **yeux,**
before   our   eyes

kɔ‿   mœ̃   bɛ‿   lɑ̃ ʒœ   blɔ̃
comme **un** **bel** **ange** **blond,**
like   a   beautiful   angel   blond

su   lœ   klɛr   sɔ lɛj
sous **le** **clair** **soleil,**
under   the   bright   sun

e lɑs   tu   no   po vrœ   kœr   su pi rœ
hélas, **tous** **nos** **pauvres** **cœurs** **soupirent!**
alas   all   our   poor   hearts   sigh

Tout gai!

music: Maurice Ravel
text: Traditional Greek folk song
translation: M.D. Calvocoressi

tu   ge
Tout **gai,**
all   merry

a   tu   ge
ha, **tout** **gai;**
ah   all   merry

bɛ lœ   ʒɑ̃ bœ   ti rœ li   ki   dɑ̃ sœ
belle **jambe,** **tireli** **qui** **danse,**
beautiful   leg   tireli   which   dances

bɛ lœ   ʒɑ̃ bœ   la   vɛ sɛ lœ   dɑ̃ sœ
belle **jambe,** **la** **vaisselle** **danse,**
beautiful   leg   the   crockery   dances

tra   la   la
tra **la** **la!**
tra   la   la

[la   ra   la   la i   la   la   la]
[la **ra** **la,** **laï** **la,** **la** **la.]**
[la   ra   la   lai   la   la   la]

Le bachelier de Salamanque

music: Albert Roussel

text: René Chalupt

lə	ba ʃə lje	də	sa la mɑ̃k
Le	**bachelier**	**de**	**Salamanque**
the	student	from	Salamanca

u	va ty	twa	ki	pɑ sœ	si	tar
Où	**vas-tu,**	**toi**	**qui**	**passes**	**si**	**tard**
where	go you	you	who	pass by	so	late

dɑ̃	le	ry	de zɛr tə	dœ	sa la mɑ̃ kə
dans	**les**	**rues**	**désertes**	**de**	**Salamanque,**
in	the	streets	deserted	of	Salamanca

a vɛk	ta	tɔ kœ	nwa ͜	re	ta	gi ta rə
avec	**ta**	**toque**	**noire**	**et**	**ta**	**guitare,**
with	your	hat	black	and	your	guitar

kœ	ty	di si my lœ	su	ta	mɑ̃ tə
que	**tu**	**dissimules**	**sous**	**ta**	**mante?**
which	you	hide	under	your	cloak

lœ	ku vrœ fø	ɛ	de ʒa	sɔ ne
Le	**couvre-feu**	**est**	**déjà**	**sonné**
the	curfew	is [has]	already	rung

e	dœ pɥi	lõ tɑ̃	dɑ̃	lœr	pɛ zi blœ	me zõ
et	**depuis**	**longtemps**	**dans**	**leurs**	**paisibles**	**maisons**
and	since	a long time	in	their	peaceful	houses

le	bur ʒwa	dɔr mœ ͜	ta pwɛ̃ fɛr me
les	**bourgeois**	**dorment**	**à poings fermés.**
the	townspeople	are sleeping	with fists closed (*idiom:* soundly)

nœ	sɛ ty	pɑ	kœ̃ ͜	ne di	dœ	lal ka ͜
Ne	**sais-tu**	**pas**	**qu'un**	**édit**	**de**	**l'alcade**
not	know you	(not)	that an	edict	of	the mayor

dɔr dɔ nœ	dœ	ʒœ te ͜	rɑ̃	pri sõ
ordonne	**de**	**jeter**	**en**	**prison**
orders	(of)	to throw	into	prison

tu	le	dɔ nœr	dœ	se re na də
tous	**les**	**donneurs**	**de**	**sérénade,**
all	the	givers	of	serenade

kœ	le	ma lɑ̃ drɛ̃	ku pœ rõ	ta	ʃɛ nœ	dɔr
que	**les**	**malandrins**	**couperont**	**ta**	**chaîne**	**d'or,**
that	the	brigands	will cut	your	chain	of gold

e	kœ	la	fi jə	dœ	lal mi rɑ̃ tə
et	**que**	**la**	**fille**	**de**	**l'Almirante,**
and	that	the	daughter	of	the Admiral

pur	ki	vɛ nœ mɑ̃	ty	tœ	tur mɑ̃ tə
pour	**qui**	**vainement**	**tu**	**te**	**tourmentes,**
for	whom	in vain	you	yourself	torment

sœ mɔ kœ	dœ	twa	dɛ rjɛ rœ	sõ	mi ra dɔr
se moque	**de**	**toi,**	**derrière**	**son**	**mirador?**
makes fun	of	you	behind	her	turret

Sarabande

music: Albert Roussel
text: René Chalupt

sa ra bɑ̃d
Sarabande
Saraband

lɛ	ʒɛ	do	dɑ̃ sœ	dɛ	sa ra bɑ̃ də
Les	**jets**	**d'eau**	**dansent**	**des**	**sarabandes**
the	jets	of water	are dancing	(of)	sarabands

syr	lɛr bœ	par fy me ə	dɛ	bu lɛ̃ grɛ̃
sur	**l'herbe**	**parfumée**	**des**	**boulingrins;**
upon	the grass	perfumed	of the	lawns

i̯ li a	dɛ	ry mœr	dœ	swa	dɑ̃	lœ	ʒar dɛ̃
il y a	**des**	**rumeurs**	**de**	**soie**	**dans**	**le**	**jardin**
there are	(of)	sounds	of	silk	in	the	garden

e	dœ	mi ste ri ø zœ	pre zɑ̃ sə
et	**de**	**mystérieuses**	**présences.**
and	of	mysterious	presences

syr	lœ	mar brœ	ro zœ	dy nœ	mar ʒɛ lœ
Sur	**le**	**marbre**	**rose**	**d'une**	**margelle,**
on	the	marble	pink	of a	rim

trwɑ	tur tœ rɛ lœ	sœ sõ	po ze œ
trois	**tourterelles**	**se sont**	**posées,**
three	turtle-doves	(themselves) have	alighted

kɔ mœ	syr	tɛ	lɛ vrœ	trwɑ	bɛ se
comme	**sur**	**tes**	**lèvres**	**trois**	**baisers;**
like	on	your	lips	three	kisses

lœr	ply mœ	se fœ jœ	dɑ̃	lœ	ba sɛ̃
leurs	**plumes**	**s'effeuillent**	**dans**	**le**	**bassin.**
their	feathers	(themselves) shed	into	the	basin (of a fountain)

lɛ	flœr	frɛ ʃœ	dɛ	mɑ rɔ nje
Les	**fleurs**	**fraîches**	**des**	**marronniers**
the	flowers	fresh	of the	chestnut trees

nɛ ʒœ	lɑ̃ tœ mɑ̃	syr	tɛ	sɛ̃
neigent	**lentement**	**sur**	**tes**	**seins**
snow down	slowly	upon	your	breast(s)

e	fõ	fri sɔ ne	ta	ʃɛr	ny ə
et	**font**	**frissonner**	**ta**	**chair**	**nue,**
and	make	to quiver	your	flesh	naked

kar	ty	e	ny œ	su	tõ	mɑ to
car	**tu**	**es**	**nue**	**sous**	**ton**	**manteau.**
for	you	are	naked	beneath	your	cloak

e	sɛ	pur	twa	kœ	lɛ	ʒɛ	do
Et	**c'est**	**pour**	**toi**	**que**	**les**	**jets**	**d'eau**
and	it is	for	you	that	the	jets	of water

dɑ̃ sœ	dœ	svɛl tœ	sa ra bɑ̃ də
dansent	**de**	**sveltes**	**sarabandes,**
are dancing	(of)	slender	sarabands

kœ	lœ	par̯	kɛ	plɛ̃	dœ	pre sɑ̃ sə
que	**le**	**parc**	**est**	**plein**	**de**	**présences,**
that	the	park	is	full	of	presences

e	kœ	lɛ	tur tœ rɛ lœ	blɑ̃ ʃə
et	**que**	**les**	**tourterelles**	**blanches,**
and	that	the	turtle-doves	white

kɔ mœ	dœ	vi vɑ̃ tœ	gir lɑ̃ də
comme	**de**	**vivantes**	**guirlandes,**
like	(of)	living	garlands

vjɛ nœ	flœ rir	o	bɔr	dœ	lo
viennent	**fleurir**	**au**	**bord**	**de**	**l'eau.**
come	to flower	at the	edge	of	the water

Aimons-nous

music: Camille Saint-Saëns
text: Théodore de Banville

ɛ mõ nu		e	dɔr mõ
Aimons-nous		**et**	**dormons**
let us love each other		and	let us sleep

sɑ̃	sõ ʒe‿	ro	rɛ stœ	dy	mõ dœ
sans	**songer**	**au**	**reste**	**du**	**monde!**
without	to muse	on the	rest	of the	world

ni	lœ	flo	dœ	la	mɛr	ni	lu ra gɑ̃	dɛ	mõ
Ni	**le**	**flot**	**de**	**la**	**mer,**	**ni**	**l'ouragan**	**des**	**monts**
neither	the	wave	of	the	sea	nor	the hurricane	of the	mountains

tɑ̃ kœ	nu	nu‿	zɛ mõ
tant que	**nous**	**nous**	**aimons**
as long as	we	each other	we love

nœ	kur bœ ra	ta	tɛ tœ	blõ dœ
ne	**courbera**	**ta**	**tête**	**blonde,**
not	will bend	your	head	blond

kar	la mu‿	rɛ	ply	fɔr
car	**l'amour**	**est**	**plus**	**fort**
for	the love	is	more	strong

kœ	lɛ	djø	e	la	mɔr
que	**les**	**Dieux**	**et**	**la**	**Mort!**
than	the	gods	and	the	death

lœ	sɔ lɛj	se tɛ̃ drɛ
Le	**soleil**	**s'éteindrait**
the	sun	would fade away

pur	lɛ se	ta	blɑ̃ ʃœr	ply	py rœ
pour	**laisser**	**ta**	**blancheur**	**plus**	**pure,**
in order	to leave	your	paleness	more	pure

lœ	vɑ̃	ki	ʒy ska	tɛ‿	rɛ̃ kli nœ	la	fɔ rɛ
le	**vent**	**qui**	**jusqu'à**	**terre**	**incline**	**la**	**forêt,**
the	wind	which	as far as to	ground	bends	the	forest

ɑ̃	pɑ sɑ̃	no zœ rɛ
en	**passant**	**n'oserait**
in	passing by	not would dare

ʒu e‿	ra vɛk	ta	ʃœ vœ ly rœ
jouer	**avec**	**ta**	**chevelure,**
to play	with	your	head of hair

tant que tu cacheras
as long as you will hide

ta tɛ‿ tɑ̃ trœ mɛ bra
ta tête entre mes bras!
your head between my arms

e lɔr skœ no dø kœr
Et lorsque nos deux cœurs
and when our two hearts

sɑ̃‿ ni rɔ̃‿ to sfɛ rœ‿ zø rø zœ
s'en iront aux sphères heureuses
will go away to the spheres happy

u lɛ se lɛs tœ li‿ se klɔ r�õ su no plœr
où les célestes lys écloront sous nos pleurs,
where the celestial lilies will blossom beneath our tears

a lɔr kɔ mœ dø flœr
alors, comme deux fleurs,
then like two flowers

ʒwa ɲõ no lɛ vrœ‿ za mu rø zœ
joignons nos lèvres amoureuses,
we (will) join our lips loving

e tɑ ʃõ de pɥi ze
et tâchons d'épuiser
and we (will) try (of) to exhaust

la mɔr dɑ̃‿ zœ̃ bɛ ze
la mort dans un baiser!
the death with a kiss

L'attente
music: Camille Saint-Saëns
text: Victor Hugo

la tɑ̃t
L'attente
the anticipation

mõ‿ te ky rœj mõ‿ to grɑ̃ ʃɛ nə
Monte, écureuil, monte au grand chêne,
climb squirrel go up (at the) great oak tree

syr la brɑ̃ ʃœ de sjø prɔ ʃɛ nœ
sur la branche des cieux prochaine,
upon the branch to the skies nearest

ki pli e trɑ̃ blœ kɔ‿ mœ ʒõ
qui plie et tremble comme un jonc.
which bends and trembles like a reed

si gɔ‿ ɲo vjɛj tur fi dɛ lə
Cigogne, aux vieilles tours fidèle,
stork to the old towers faithful

o vɔ‿ le mõ‿ ta ti rœ dɛ lə
oh! vole et monte à tire-d'aile
oh fly and ascend swiftly

dœ	le gli‿	za	la	si ta dɛ lœ		
de	**l'église**	**à**	**la**	**citadelle,**		
from	the church	to	the	citadel		

dy	o	klɔ ʃe	o	grã	dõ ʒõ	
du	**haut**	**clocher**	**au**	**grand**	**donjon.**	
from the	high	bell-tower	to the	great	donjon	

vjø‿	zɛ glœ	mõ tœ	dœ	tõ	nɛ rœ	
Vieux	**aigle,**	**monte**	**de**	**ton**	**aire**	
old	eagle	rise	from	your	eyrie	

a	la	mõ ta ɲœ	sã tœ nɛ rœ			
à	**la**	**montagne**	**centenaire**			
to	the	mountain	a hundred years old			

kœ	blã ʃi	li vɛ‿	re tɛr nɛl			
que	**blanchit**	**l'hiver**	**éternel.**			
which	turns white	the winter	eternal			

e	twa	kã	ta	ku‿	ʃɛ̃ ki jɛ tə	
Et	**toi**	**qu'en**	**ta**	**couche**	**inquiète**	
and	you	who on	your	bed	restless	

ʒa mɛ	lo bœ	nœ	vi	mɥ ɛ tə		
jamais	**l'aube**	**ne**	**vit**	**muette,**		
never	the dawn	not	saw	speechless		

mõ tœ	mõ tœ	vi‿	va lu ɛ tœ			
monte,	**monte,**	**vive**	**alouette,**			
rise	rise	lively	lark			

vi‿	a lu ɛ tœ	mõ‿	to	sjɛl		
vive	**alouette,**	**monte**	**au**	**ciel!**		
lively	lark	rise	to the	sky		

e	mɛ̃ tœ nã	dy	o	dœ	lar brœ	
Et	**maintenant,**	**du**	**haut**	**de**	**l'arbre,**	
and	now	from the	top	of	the tree	

dɛ	flɛ ʃœ	dœ	la	tur	dœ	mar brœ
des	**flèches**	**de**	**la**	**tour**	**de**	**marbre,**
from the	spires	of	the	tower	of	marble

dy	grã	mõ	dy	sjɛ‿	lã fla me	
du	**grand**	**mont,**	**du**	**ciel**	**enflammé,**	
from the	great	mountain	from the	sky	flaming	

a	lɔ ri zõ	par mi	la	bry mə		
à	**l'horizon,**	**parmi**	**la**	**brume,**		
on	the horizon	among	the	mist		

vwa je vu	flɔ te‿	ry nœ	ply mə			
voyez-vous	**flotter**	**une**	**plume,**			
see you	to wave	a	feather			

e	ku rir	œ̃	ʃœ val	ki	fy mə	
et	**courir**	**un**	**cheval**	**qui**	**fume,**	
and	to race	a	horse	which	steams	

e	rœ vœ nir	mõ	bjɛ‿ nɛ me			
et	**revenir**	**mon**	**bien-aimé?**			
and	to return	my	dearly beloved one			

Je te veux

music: Erik Satie
text: Henry Pacory

ʒœ	tœ	vø		
Je	**te**	**veux**		
I	you	want		

ʒe	kõ pri		ta	de trɛ sœ
J'ai	**compris**		**ta**	**détresse,**
I have	understood		your	distress

ʃɛ‿	ra mu rø			
cher	**amoureux,**			
dear	lover			

e	ʒœ	sɛ‿	da	tɛ	vø
et	**je**	**cède**	**à**	**tes**	**vœux:**
and	I	yield	to	your	desires

fɛ	dœ	mwa	ta	mɛ trɛ sœ
fais	**de**	**moi**	**ta**	**maîtresse.**
make	of	me	your	mistress

lwɛ̃	dœ	nu	la	sa ʒɛ sœ
Loin	**de**	**nous**	**la**	**sagesse,**
away	from	us	the	discretion

ply	dœ	tri stɛ sœ	
plus	**de**	**tristesse,**	
no more	of	sadness	

ʒa spi‿	ra	lɛ̃ stɑ̃	pre si ø‿
j'aspire	**à**	**l'instant**	**précieux**
I aspire	to	the moment	precious

zu	nu	sœ rõ‿	zœ rø
où	**nous**	**serons**	**heureux:**
when	we	will be	happy

ʒœ	tœ	vø		
Je	**te**	**veux.**		
I	you	want		

ʒœ	ne	pɑ	dœ	rœ grɛ
Je	**n'ai**	**pas**	**de**	**regrets,**
I	not have	(not)	of	regrets

e	ʒœ	ne	ky‿	nɑ̃ vi œ
et	**je**	**n'ai**	**qu'une**	**envie:**
and	I	not have	but one	desire

prɛ dœ	twa	la	tu	prɛ
près de	**toi,**	**là,**	**tout**	**près,**
close to	you	there	very	close

vi vrœ	tu tœ	ma	vi œ
vivre	**toute**	**ma**	**vie.**
to live	all	my	life

kœ	mõ	kœr	swa	lœ	tjɛ̃
Que	**mon**	**cœur**	**soit**	**le**	**tien**
that	my	heart	may be	the	yours

e	ta	lɛ vrœ	la	mjɛ nœ
et	**ta**	**lèvre**	**la**	**mienne,**
and	your	lip	the	mine

kœ	tõ	kɔr	swa	lœ	mjɛ̃
que	**ton**	**corps**	**soit**	**le**	**mien,**
that	your	body	may be	the	mine

e	kœ	tu tœ	ma	ʃɛr	swa	tjɛ nœ
et	**que**	**toute**	**ma**	**chair**	**soit**	**tienne.**
and	that	all	my	flesh	may be	yours

wi	ʒœ	vwa	dã	tɛ	zjø
Oui,	**je**	**vois**	**dans**	**tes**	**yeux**
yes	I	see	in	your	eyes

la	di vi nœ	prɔ mɛ sœ
la	**divine**	**promesse**
the	divine	promise

kœ	tõ	kœ	ra mu rø
que	**ton**	**cœur**	**amoureux**
that	your	heart	loving

vjɛ̃	ʃɛr ʃe	ma	ka rɛ sœ
vient	**chercher**	**ma**	**caresse.**
comes	to seek	my	caress

ã la se	pur	tu ʒur
Enlacés	**pour**	**toujours,**
entwined	for	ever

bry le	dɛ	mɛ mœ	flɑ mœ
brûlés	**des**	**mêmes**	**flammes,**
consumed	by the	same	flames

dã	dɛ	rɛ vœ	da mur
dans	**des**	**rêves**	**d'amours,**
in	(of)	dreams	of love

nu	ze ʃã ʒœ rõ	no	dø	zɑ mœ
nous	**échangerons**	**nos**	**deux**	**âmes.**
we	will exchange	our	two	souls

La statue de bronze

music: Erik Satie
text: Léon-Paul Fargue

la	sta ty	də	brõz
La	**statue**	**de**	**bronze**
the	statue	of	bronze

la	grœ nu jœ	dy	ʒø	dœ	tɔ no
La	**grenouille**	**du**	**jeu**	**de**	**tonneau**
the	frog	of the	game	of	toad in the hole

sã nɥi ə	lœ	swar	su	la	tɔ nɛ lœ
s'ennuie,	**le**	**soir,**	**sous**	**la**	**tonnelle…**
becomes bored	the	evening	beneath	the	arbor

ɛ	lã	na	a se
Elle	**en**	**a**	**assez!**
she	of it	has	enough

dɛ trœ	la	sta ty œ
D'être	**la**	**statue**
of to be	the	statue

ki	va	prɔ nõ se	rœ̃	grã	mo	lœ	mo
qui	**va**	**prononcer**	**un**	**grand**	**mot,**	**le**	**Mot!**
which	is going	to utter	a	great	word	the	Word

ɛ̯ le mœ rɛ mjø̯ zɛ̯ tra vɛk lɛ̯ zo trœ
Elle **aimerait** **mieux** **être** **avec** **les** **autres**
she would like better to be with the others

ki fõ dɛ by lœ dœ mu zi kœ
qui **font** **des** **bulles** **de** **musique**
who are making (of) bubbles of music

a vɛk lœ sa võ dœ la ly nə
avec **le** **savon** **de** **la** **lune**
with the soap of the moon

o bɔr dy la vwar mɔr dɔ re
au **bord** **du** **lavoir** **mordoré**
at the side of the wash-house bronze colored

kõ vwa la bɑ lɥi̯ rã trœ lɛ brã ʃœ
qu'on **voit,** **là-bas,** **luire** **entre** **les** **branches...**
which one sees over there to shine between the branches

õ lɥi lã̯ sa kœr dœ ʒur ne ə
On **lui** **lance** **à cœur de journée**
One to her throws at the height of daytime

y nœ pɑ ty rœ dœ pi stɔ lə
une **pâture** **de** **pistols**
a fodder of metal disks

ki la tra vɛr sœ sã lɥi prɔ fi te
qui **la** **traversent** **sans** **lui** **profiter**
which her pass through without to her to be of benefit

e sã võ sɔ ne
et **s'en vont** **sonner**
and go away to rattle

dã lɛ ka bi nɛ
dans **les** **cabinets**
into the chambers

dœ sõ pje dɛ stal ny me rɔ te
de **son** **piédestal** **numéroté!**
of her pedestal numbered

e lœ swar lɛ̯ zɛ̃ sɛk tœ ku ʃœ
Et **le** **soir** **les** **insectes** **couchent**
and the evening the insects sleep

dã sa bu ʃœ
dans **sa** **bouche.**
in her mouth

Les hiboux

music: Déodat de Sévérac
text: Charles Baudelaire

lɛ i bu
Les **hiboux**
the owls

su lɛ̯ zif nwar ki lɛ̯ za bri tœ
Sous **les** **ifs** **noirs** **qui** **les** **abritent,**
under the yew trees black which them shade

lɛ i bu sœ tjɛ nœ rã ʒe
les **hiboux** **se tiennent** **rangés,**
the owls sit in a row

ẽ si kœ‿ dɛ djø‿ ze trã ʒe
ainsi que **des** **Dieux** **étrangers;**
as of (the) gods alien

dar dã lœ‿ rœj ru ʒœ il me di tœ
dardant **leur** **œil** **rouge** **ils** **méditent.**
darting their eye red they meditate

sã rœ my e il sœ tjẽ drõ
Sans **remuer** **ils** **se tiendront**
without to move they will sit

jy ska lœ rœ me lã kɔ li kœ
jusqu'a **l'heure** **mélancolique**
up until the hour melancholy

u pu sã lœ sɔ le‿ jɔ bli kœ
où, **poussant** **le** **soleil** **oblique,**
when pushing away the sun inclining

lɛ te nɛ brœ se ta bli rõ
les **ténèbres** **s'établiront.**
the darknesses will settle

lœ‿ ra ti ty‿ do sa‿ ʒã sɛ ɲœ
Leur **attitude** **au** **sage** **enseigne**
their behavior to the wise one teaches

kil fo‿ tã sœ mõ dœ kil krɛ ɲœ
qu'il **faut** **en** **ce** **monde** **qu'il** **craigne**
that it is necessary in this world that one fear

lœ ty myl tœ e lœ mu vœ mã
le **tumulte** **et** **le** **mouvement;**
the commotion and the movement

lɔ mə i vrœ dy‿ nõ brœ ki pɑ sœ
l'homme **ivre** **d'une** **ombre** **qui** **passe**
the man intoxicated by a shadow which passes by

pɔr tœ tu ʒur lœ ʃɑ ti mã
porte **toujours** **le** **châtiment**
bears always the chastisement

da vwar vu ly ʃã ʒe dœ pla sœ
d'avoir **voulu** **changer de place!**
of to have wished to change (of) position [= to move around]

Philis

music: Déodat de Sévérac
text: Anonymous

fi lis
Philis
Phyllis

pa‿	rœ	su ri	la mur		syr pri
Par	**un**	**souris**	**l'Amour**		**surpris**
by	a	smile	the Love [= Cupid]		surprised

mal gre	psi ʃe	vu	rã	lɛ‿	zar mœ
malgré	**Psyché**	**vous**	**rend**	**les**	**armes;**
despite	Psyche	to you	surrenders	the	weapons

ba ky‿	so prɛ	dœ	vo‿	za trɛ
Bacchus	**auprès**	**de**	**vos**	**attraits**
Bacchus	close by	(of)	your	allurements

da ri ja nœ	bra vœ	lɛ	ʃar mœ
d'Ariane	**brave**	**les**	**charmes.**
of Ariadne	braves	the	charms

ʃa kœ̃	dø	o za	pre tã drœ
Chacun	**d'eux**	**osa**	**prétendre**
each	of them	dared	to claim

œ̃	fa vɔ ra blœ	syk sɛ
un	**favorable**	**succès;**
a	favorable	success

pur	vu	rã drœ	lœ	kœr	tã drœ
pour	**vous**	**rendre**	**le**	**cœur**	**tendre**
for	you	to make	the	heart	tender

il	vu‿	zɔ frœ	tu‿	tɛk sprɛ
ils	**vous**	**offrent**	**tout**	**exprès**
they	to you	offer	completely	intentionally

lœ̃	sõ	vɛ rœ	lo trœ	sɛ	trɛ
l'un	**son**	**verre,**	**l'autre**	**ses**	**traits.**
the one	his	glass	the other	his	arrows

dœ	sɛ tœ	du blœ	vik twa rœ
De	**cette**	**double**	**victoire**
of	this	double	victory

vo‿	za pɑ‿		ze tɛ	ga rã
vos	**appas**		**étaient**	**garants;**
your	physical charms		were	guaranteed

mɛ	fi lis	dɛ ɲe	mã	krwa rœ
mais	**Philis,**	**daignez**	**m'en**	**croire,**
but	Phyllis	deign	to me of it	to believe

pre fe re‿	za	dœ	tɛl‿	za mã
préférez	**à**	**de**	**tels**	**amants**
prefer	to	(of)	such	lovers

œ̃	mɔr tɛl	ki	vu‿	za dɔ rœ
un	**mortel**	**qui**	**vous**	**adore**
a	mortal	who	you	adores

mi lœ	fwa	ply	kø‿	zã kɔ rœ
mille	**fois**	**plus**	**qu'eux**	**encore.**
thousand	times	more	than they	still

o	fi lis
Ô	**Philis!**
Oh	Phyllis

Fleur desséchée

music: Pauline Viardot
text: Alexandre Pushkin
translation: Louis Pomey

flœr	de se ʃe				
Fleur	**desséchée**				
flower	dried				

dã	sœ	vjø	li vrœ	lõ	tu bli œ
Dans	**ce**	**vieux**	**livre**	**l'on**	**t'oublie,**
in	this	old	book	the one	you forgets

flœr	sã	par fœ̃	me	sã	ku lœr
fleur	**sans**	**parfum**	**et**	**sans**	**couleur,**
flower	without	fragrance	and	without	color

mɛ	zy	ne trã ʒœ	rɛ vœ ri œ		
mais	**une**	**étrange**	**rêverie,**		
but	a	strange	reverie		

kã	ʒœ	tœ	vwa	ã pli	mõ	kœr
quand	**je**	**te**	**vois,**	**emplit**	**mon**	**cœur.**
when	I	you	see	fills	my	heart

kɛl	jur	kɛl	ljø	tœ	vi rœ	nɛ trœ
Quel	**jour,**	**quel**	**lieu**	**te**	**virent**	**naître?**
what	day	what	place	you	saw	to be born

kɛl	fy	tõ	sɔr	ki	ta ra ʃa	
Quel	**fut**	**ton**	**sort?**	**qui**	**t'arracha?**	
what	was	your	fate	who	you uprooted	

ki	sɛ	ʒœ	lɛ	kɔ ny	pø tɛ trœ	
Qui	**sait?**	**Je**	**les**	**connus**	**peut-être,**	
who	knows	I	them	knew	perhaps	

sœ	dõ	la mur	tœ	kõ sɛr va	
ceux	**dont**	**l'amour**	**te**	**conserva!**	
those	of whose	the love	you	preserved	

ra pœ lɛ ty	ro zœ	fle tri œ			
Rappelais-tu,	**rose**	**flétrie,**			
remember you	rose	faded			

la	prœ mjɛ	rœ	ru	lɛ	za djø
la	**première**	**heure**	**ou**	**les**	**adieux?**
the	first	hour	or	the	farewells

lɛ	zã trœ tjɛ̃	dã	la	prɛ ri œ	
Les	**entretiens**	**dans**	**la**	**prairie**	
the	conversations	in	the	meadow	

u	dã	lœ	bwa	si lã si ø	
ou	**dans**	**le**	**bois**	**silencieux?**	
or	in	the	forest	silent	

vi ti	lã kɔr	ɛg zis tœ tɛ lœ			
Vit-il	**encor?**	**existe-t-elle?**			
lives he	still	exists she			

a	kɛl	ra mo	flɔ tœ	lœr	ni
À	**quels**	**rameaux**	**flottent**	**leurs**	**nids?**
on	what	branches	hover	their	nests

u	kɔ mœ	twa	ki	fy	si	bɛ lœ
Ou	**comme**	**toi,**	**qui**	**fus**	**si**	**belle,**
or	like	you	who	were	so	beautiful

lœr	frõ	ʃar mã	sõ til	fle tri	
leurs	**fronts**	**charmants**	**sont-ils**	**flétris?**	
their	brows	charming	are they	faded	

Accompaniments for The French Song Anthology

High Voice

Laura Ward, pianist

Accompaniments

HECTOR BERLIOZ
Villanelle

GEORGES BIZET
Chanson d'avril
Guitare
Ouvre ton cœur

EMMANUEL CHABRIER
Les cigales
Villanelle des petits canards

ERNEST CHAUSSON
Hébé
Le charme
Le colibri
Le temps des lilas

CLAUDE DEBUSSY
Beau soir
Les cloches
Mandoline
Noël des enfants
qui n'ont plus de maisons

HENRI DUPARC
Chanson triste
La vie antérieure
Lamento

GABRIEL FAURÉ
Après un rêve
Automne
Chanson d'amour
Clair de lune
Lydia
Mandoline
Notre amour

CÉSAR FRANCK
Nocturne

CHARLES GOUNOD
L'absent
O ma belle rebelle

The price of this publication includes access to recorded diction lessons and accompaniments online, for download or streaming, using the unique code found on the title page. Visit **www.halleonard.com** and enter the access code.

Accompaniments

CHARLES GOUNOD (continued)
Venise

REYNALDO HAHN
À Chloris
Offrande
Si mes vers avaient des ailes

VINCENT D'INDY
Madrigal

CHARLES KOECHLIN
Si tu le veux

FRANZ LISZT
Oh! quand je dors

JOHANN-PAUL MARTINI
Plaisir d'amour

JULES MASSENET
Nuit d'Espagne
Si tu veux, Mignonne

WOLFGANG AMADEUS MOZART
Dans un bois solitaire

EMILE PALADILHE
Psyché

FRANCIS POULENC
Le Bestiaire:
Le dromadaire
La chèvre du Thibet
La sauterelle
Le dauphin
L'écrevisse
La carpe

MAURICE RAVEL
Sainte

Cinq mélodies
populaires grecques:
Le réveil de la mariée
Là-bas, vers l'église
Quel galant m'est comparable?
Chanson des cueilleuses
de lentisques
Tout gai!

ALBERT ROUSSEL
Le bachelier de Salamanque
Sarabande

CAMILLE SAINT-SAËNS
Aimons-nous
L'attente

ERIK SATIE
Je te veux
La statue de bronze

DÉODAT DE SÉVERAC
Les hiboux
Philis

PAULINE VIARDOT
Fleur desséchée

About the Accompaniments

We've made every effort to choose a reasonable tempo for the recorded piano accompaniments, based on performance precedents. Other tempos could be explored for individual interpretations. We also deliberately attempted to make the accompaniment recordings musically alive, incorporating rubato, ritardandos, accelerandos, and dynamics to inspire a spirited performance. Nevertheless, by the very nature of recording, ours is only one interpretation.

Ideally, you will be using these recorded accompaniments for practice only. You will come up with a more individual interpretation, conjured from the ground up in the manner in which all the best artists work, if you learn the song on your own, built into your unique singing voice, without imitating a recorded performance.

We could have chosen technological options in recording these accompaniments, using MIDI or other devices. These were rejected on aesthetic grounds as being inappropriate to art music. The accompaniments were played on a Yamaha concert grand piano.

Richard Walters
Series Editor and Producer

About the Pianist

Laura Ward has recorded more piano accompaniments than any other pianist, with nearly 2000 tracks to her credit. Her recordings include twenty volumes in *The First Book of Solos* series (G. Schirmer), eight volumes of *Easy Songs for Beginning Singers* (G. Schirmer), *The First Book of Broadway Solos* series (four volumes, Hal Leonard), five volumes of *Standard Vocal Literature* (Hal Leonard, *The Vocal Library*), eleven other volumes in *The Vocal Library*, *The New Imperial Edition* (six volumes, Boosey & Hawkes), and various other collections. She has been a vocal coach and collaborative pianist at the Washington Opera, the Academy of Vocal Arts, the Ravinia Festival, the Music Academy of the West, the Blossom Festival, the University of Maryland, and Temple University. She is the official pianist for the Washington International Vocal competition and the Marian Anderson Award. She has performed at several international music festivals such as the Spoleto Festival in Spoleto, Italy and the Colmar International Music Festival and Saint Denis Festival in France. A native of Texas, Laura received her Bachelor of Music degree from Baylor University, Master of Music degree in Piano Accompanying at the Cincinnati College-Conservatory of Music and a Doctor of Musical Arts in Piano Accompanying from the University of Michigan with Martin Katz. There she was pianist for the Contemporary Directions Ensemble and she performed with the Ann Arbor Symphony. She is co-editor of *Richard Strauss: 40 Songs*, *Gabriel Fauré: 50 Songs*, and *Johannes Brahms: 75 Songs*. She is co-founder and pianist for Lyric Fest, a dynamic and creative song series in Philadelphia.